달꿈이와 동화로 배우는
1학년 과학
관찰·분류·예상·추리·측정·의사소통

달꿈이와 동화로 배우는 1학년 과학

1판 1쇄 발행 2025년 3월 14일

글쓴이 최광식, 서재희, 김명현
그린이 주세영

편집 김민애
디자인 박영정

펴낸이 이경민
펴낸곳 ㈜동아엠앤비
출판등록 2014년 3월 28일(제25100-2014-000025호)
주소 (03972) 서울특별시 마포구 월드컵북로22길 21, 2층
홈페이지 www.moongchibooks.com
전화 (편집) 02-392-6901   (마케팅) 02-392-6900
팩스 02-392-6902
SNS
전자우편 damnb0401@naver.com

ISBN 979-11-6363-945-9 (74400)
　　　　979-11-6363-944-2 (세트)

※ 책 가격은 뒤표지에 있습니다.
※ 잘못된 책은 구입한 곳에서 바꿔 드립니다.
※ 이 책에 실린 사진은 셔터스톡, 위키피디아에서 제공받았습니다. 그 밖의 제공처는 별도 표기했습니다.

 도서출판 뭉치는 ㈜동아엠앤비의 어린이 출판 브랜드로, 아이들의 지식을 단단하게 만들어 주고, 아이들의 창의력과 사고력을 키워 주어 우리 자녀들이 융합형 창의 사고뭉치로 성장할 수 있도록 좋은 책을 만들겠습니다.

작가의 말

　선생님이 어렸을 때 초등학생들의 장래 희망 1위는 아이돌이 아니라 과학자였습니다. 지금은 과학자뿐만 아니라 유튜버, 아이돌, 운동선수 등으로 꿈의 종류가 다양해졌지요. 꿈의 종류가 다양해지는 건 분명 좋은 변화라고 생각해요. 더 이상 모든 초등학생의 꿈이 과학자일 필요는 없지요.

　하지만 과학자처럼 생각하는 법, 즉 과학자가 문제 해결을 할 때 쓰는 과학적 사고의 필요성은 더욱 중요해졌어요. 과학은 과학자에게만 필요한 것이 아니라 이 세상을 살아가는 모든 사람에게 필요하기 때문이에요. 그런데 안타깝게도 새롭게 바뀐 과학 교과에서는 과학적 사고에 관한 내용이 줄어들었어요. 그래서 초등학교 과학 교육에 관심이 많은 교사 세 명이 똘똘 뭉쳐 또 하나의 특별한 과학 교과서를 쓰기로 결심했습니다.

　이 책을 통해 우리 아이들이 과학의 기초 탐구를 익히고, 우리 주변의 문제를 찾아내, 슬기롭게 해결하는 경험을 해 보기를 바라는 마음을 담아서 말이지요.

　이야기 속 달꿈이는 우연히 펼쳐 본 책에서 동화 나라로 가는 초대장을 발견해요. 그곳에서 다양한 문제 상황에 놓이게 되고 하나하나 해결해 나가면서 과학적 탐구 능력을 키워 가지요. 헨젤과 그레텔을 도우며 관찰을 배우고, 별주부전에서는

　추리를 사용해 토끼를 위기에서 구해 줍니다. 또 꿀벌로 변한 달꿈이는 황금 나비가 낸 문제를 분류의 방법으로 해결하기도 하지요. 이것만이 아니에요. 여우와 두루미의 재판에서는 예상하기를 이용해 두 친구 모두가 만족하는 그릇을 만들어 주었어요. 황소와 개구리 이야기에서는 측정을 활용해 왕눈이 마을의 지도를 만들고, 마지막 이야기인 동물 올림픽에서는 지금까지 배운 기초 탐구 과정을 모두 활용해 과학적인 생각을 다른 사람도 알기 쉽게 설명하는 방법을 익힙니다.

　이처럼 달꿈이는 동화 나라에서 등장인물들과 서로 협력하며 과학적 사고를 이용해 문제를 해결해 나갑니다. 여러분도 달꿈이처럼 주변에서 문제를 발견하고 해결하는 즐거운 경험을 가지길 바라요.

　이 책을 여러 번 읽다 보면, 과학은 어려운 것이 아니라 참으로 재밌고 멋지다는 것을 알게 될 거예요. 지금부터 달꿈이와 함께 신나는 모험을 떠나 볼까요?

최광식 서재희 김명현

등장인물

달꿈이
나는 이 책의 주인공 최달꿈. 우연히 옷장을 통해 동화 나라로 들어가게 된 뒤, 동화 나라의 문제를 과학적 사고로 멋지게 해결하는 초등학생이야.

마녀
나는 깊은 숲속에 사는 마녀야. 내가 왜 과자 집을 만들었냐고? 바로 아이들을 유혹에서 잡아먹을 계획이란 말씀!

마야
나는 꿀을 모으는 것보다 세상 구경을 더 좋아하는 꿀벌이야. 그런데 잘못된 분류 방법으로 독이 든 꿀을 먹었지 뭐야. 달꿈아, 나 좀 살려 줘!

깡총이
자라가 날 용궁의 재상을 모셔 간대. 그런데 땅 위에 사는 내가 어떻게 물속에서 살 수 있다는 걸까?

자라
나는 깡총이를 용궁으로 데려가기 위해 민물 속에서도 고등어가 살 수 있는 기적을 보여 주었어. 이번에는 무사히 토끼의 간을 용왕님에게 바칠 수 있겠지?

여우
내가 두루미를 초대해서 일부러 음식을 못 먹게 했다는 건 너무 억울한 일이야. 내가 쓰는 접시는 모두 납작하다고. 그게 내 잘못이야?

두루미
여우가 납작한 접시에 음식을 담아 나를 골탕 먹였으니, 나도 입이 긴 호리병에 음식을 대접할 수밖에.

왕눈이
난 모든 걸 반대로 말하고, 반대로 행동하는 말썽꾸러기 청개구리야. 하지만 달꿈이를 만나서 이제는 착한 개구리가 되기로 했어.

수달
난 역도 경기에서 꼭 우승을 하고 싶었어. 그래서 과학을 이용해 나무 역기를 멋지게 들었는데, 달꿈이와 다른 동물들에게 들켰지 뭐야. 아이, 창피해!

차례

작가의 말 • 4
등장인물 • 6
프롤로그 달꿈이의 신기한 동화 속 모험 • 10

관찰을 해요
과자 집의 숨겨진 비밀 • 13
- 그것이 궁금해 관찰이 필요한 이유
- 선생님과 과학 읽기 갈릴레오와 토성 이야기
- 더 알아볼까? 숨은그림찾기

분류를 해요
꿀벌 타야를 구하라 • 29
- 그것이 궁금해 분류는 어떻게 할까?
- 선생님과 과학 읽기 맛을 어떻게 구분할까?
- 더 알아볼까? 곤충과 거미의 차이

예상을 해요
누구를 위한 그릇일까? • 45
- 그것이 궁금해 예상이 중요한 이유
- 선생님과 과학 읽기 다윈의 예상
- 더 알아볼까? 종이비행기 날리기

추리를 해요
거짓말쟁이 자라 · 61
- 그것이 궁금해 관찰과 추리는 짝꿍
- 선생님과 과학 읽기 바닷물고기가 민물에서 오래 살지 못하는 이유
- 더 알아볼까? 삼투압을 이용한 달걀 분수 만들기

측정을 해요
누가누가 더 클까? · 77
- 그것이 궁금해 측정에 필요한 도구는 뭘까?
- 선생님과 과학 읽기 신체를 활용한 측정
- 더 알아볼까? 손가락으로 길이 재기

의사소통을 해요
동물 올림픽 · 93
- 그것이 궁금해 의사소통 능력이 필요한 이유
- 선생님과 과학 읽기 지동설이 밝혀진 이유
- 더 알아볼까? 빨대 잠수함과 부력

- 에필로그 동화 속 모험이 끝나고… · 109

그런데 밤 12시가 될 때까지 계속 그 초대장 생각만 나는 거야.

짜깍 짜깍

나도 모르게 12시가 되자마자 손뼉을 쳤어.

옷장 문틈 사이로 빛이 새어 나왔고, 나는 뭔가에 홀린 듯 옷장 문을 열었어.

옷 사이를 벌리자마자 내 눈앞에 펼쳐진 세상이 뭐였는지 알아? 나와 함께 동화 속으로 들어가 보자!

관찰을 해요
과자 집의 숨겨진 비밀

"옷이 끝도 없이 펼쳐지네."

달꿈이는 한참 동안 옷을 젖히며 앞으로 나아갔다. 얼마 후 시야가 밝아지며 눈앞에 작은 숲속 오솔길이 펼쳐졌다.

"여긴 어디지?"

달꿈이는 호기심 가득한 표정으로 주변을 둘러보았다. 분명히 밤 12시였는데 이곳에서는 밝은 햇살이 나뭇잎 위를 비추고 있었다.

"동화 나라라고 하더니 그냥 숲속 같은데?"

그때 달꿈이 앞에 하얗고 작은 새 한 마리가 나타났다. 새는 마치 자신을 따라오라는 듯 나뭇가지에 앉아 기다리다가 달꿈이가 다가가면 조금씩 앞으로 날아갔다. 하얀 새를 따라 걷다 보니 눈앞에 신기한 모양의 집이 나타났다. 지붕은 케이크로, 벽은 쿠키로 만들어진 집이었다. 유리창은 알록달록한 사탕으로 되어 있었고, 곳곳에 젤리와 크림이 장식되어 있었다.

"어? 과자로 만든 집이잖아? 이런 이야기를 읽어 본 적이 있는데? 맞아, 헨젤과 그레텔!"

달꿈이는 조심스럽게 집으로 다가갔다. 벽을 살짝 뜯어 맛을 보니 정말로 과자였다. 바로 그때였다.

"감히 내 집을 먹다니!"

달꿈이는 난데없는 호통 소리에 깜짝 놀라 몸을 움츠렸다. 달꿈이가 뒤돌아보니 마녀가 잔뜩 화가 난 표정으로 달꿈이를 쳐다보고 있었다. 달꿈이는 조금 무섭긴 했지만, 용기를 내어 말했다.

"일부러 그런 건 아니에요. 너무 신기해서 아주 조금만 떼어 먹었……."

"시끄럽다!"

마녀는 달꿈이의 손을 잡고 집으로 들어갔다. 집 안은 바깥에서 보던 것과는 전혀 달랐다. 어둡고 으슥한 분위기였고, 여기저기에 이상하게 생긴 물건이 가득했다. 집 한쪽에는 커다란 우리가 있었는데 그곳에는 두 아이가 갇혀 있었다.

"너는 앞으로 음식을 만들어 이 아이들에게 먹여라. 이 아이들이 포동포동 살찌면 잡아먹을 테다. 혹시라도 도망치면 너도 잡아먹을 테니 그렇게 알아라!"

마녀는 그렇게 말하고서 집 밖으로 나가 문을 잠갔다.

달꿈이는 우리로 다가가 두 아이에게 물었다.

"너희들은 누구니?"

"우리는 헨젤과 그레텔이야. 숲에 버려졌다가 이 집을 발견했는데 마녀에게 잡혔어."

"너희가 헨젤과 그레텔이구나. 나는 달꿈이라고 해. 그런데 그레텔이 마녀를 물리치지 않았어? 마녀가 눈이 나쁜 걸 이용하면 되었을 텐데 말이야."

헨젤은 놀란 표정을 지으며 물었다.

"어떻게 알았어? 얼마 전에 그레텔이 마녀를 오븐에 밀어 넣으려다가 실패하고 여기에 함께 갇히게 되었어."

"그랬구나. 그런데 마녀는 어디 간 거야?"

"우리도 잘 몰라. 마녀는 하루에 한 번씩 밖에 나갔다가 오후에 돌아와."

"그럼 어떻게 하면 좋을까?"

달꿈이는 침착하게 집 안을 관찰하기 시작했다. 우리의 반대쪽에는 작은 방이 있었다. 그 방 안에는 커다란 탁자가 있었는데 다양한 마법 재료와 실험 도구들이 가득했다. 달꿈이는 가까이 다가가 탁자 위 물건들을 하나하나 살펴보았다.

"얘들아, 너희는 귀를 기울이고 있다가 마녀가 돌아오는 소리가 들리면 나에게 알려 줘."

"달꿈아, 지금 한가하게 집 구경이나 할 때가 아니야. 어서 너라도 도망쳐."

"난 지금 단순한 집 구경을 하는 게 아니야. 관찰이라고 하는 거야."

"관찰?"

"응. 관찰이란 모든 감각 기관 또는 도구를 사용해 사물에 대한 정보와 자료를 얻는 과정이야."

"무슨 말인지 잘 모르겠는걸."

"쉽게 말하면 보고, 듣고, 냄새를 맡고, 맛보고, 만져 보면서 대상을 조사해 보는 거야. 집 안을 잘 관찰하면 분명히 마녀를 물리칠 방법을 찾을 수 있을 거야."

탁자 위의 커다란 책에는 알 수 없는 모양의 그림과 글이 가득했다. 달꿈이는 그 옆에 있는 작은 주머니를 열어 보았다.

"음, 이건 뭘 말린 거지?"

달꿈이는 손으로 만져 보고 바싹 마른 풀과 열매라는 것을 알 수 있었다. 그러고는 탁자 위에 있는 작은 물약 병의 뚜껑을 열고 냄새도 맡아 보았다. 향기로운 냄새가 나는 것도 있었고, 아주 고약한 냄새가 나는 것도 있었다. 그러다가 어떤 병의 뚜껑을 열고 냄새를 맡았는데 갑자기 머리가 어지러워졌다. 하마터면 손에 든 병을 떨어뜨려 깨뜨릴 뻔했다.

"아이, 깜짝이야. 아무거나 함부로 냄새를 맡으면 안 되겠어."

달꿈이는 서둘러 물약들을 정리했다. 마녀가 돌아온다고 하는 시간이 다 되었기 때문이었다.

다음 날 달꿈이는 정원에서 당근을 뽑다가 마녀가 정원 한쪽에서 크게 재채기하는 것을 보았다.

"에취! 에이취!"

마녀는 갑자기 멈춰 서서 눈물까지 흘리며 재채기를 하고 있었다. 마녀는 코를 감싸고 집 안으로 뛰어 들어갔다. 달꿈이는 마녀가 있던 곳으로 다가가 주변을 자세히 살펴보았다. 어디선가 향기로운 냄새가 났다.

"어? 물약 병에서 맡았던 냄새다."

달꿈이는 바닥에서 여러 겹의 꽃잎을 가진 작은 보라색 꽃을 발견했다. 향기로운 냄새는 그 꽃에서 나고 있었다. 손으로 만져 보니 아주 작은 꽃가루들이 손가락 끝에 묻었다.

"달꿈아! 어디서 뭘 하고 있는 거냐? 어서 물을 떠 오너라! 에취, 에이취!"

마녀가 집 안에서 크게 소리쳤다.

달꿈이는 양동이에 물을 떠 집으로 들어갔다. 마녀는 눈물, 콧물 범벅이 된 얼굴을 양동이에 푹 담그고 세수했다. 그리고 달꿈이가 손에 든 수건을 휙 낚아채 얼굴을 닦았다.

"에취! 에취! 에이취!"

마녀는 수건으로 얼굴을 닦다가 다시 크게 재채기하기 시작했다. 마녀는 양동이 물로는 부족했는지 집 밖 개울을 향해 뛰어갔다. 마녀는 한참이 지나서야 온몸이 홀딱 젖은 채 집에 돌아왔다.

그날 밤 달꿈이는 침대에 누워 곰곰이 생각했다.

'마녀는 정원에서 보라색 꽃향기를 맡고 재채기했어. 그런데 수건으로 물기를 닦고 나서는 왜 다시 재채기했을까? 분명히 그 보라색 꽃도 없었는데.'

그 순간 달꿈이의 머리에 번뜩 하나의 생각이 떠올랐다.

다음 날 달꿈이는 보라색 꽃의 꽃가루를 마녀의 빗에 살짝 묻혀 두었다. 거울을 보며 머리를 빗던 마녀가 크게 재채기를 하기 시작했다. 그제야 달꿈이는 분명히 알 수 있었다.

'마녀는 꽃가루 알레르기가 있구나!'

온 집 안에 실험 도구들이 가득했던 이유는 바로 마녀가 꽃가루 알레르기를 치료하기 위해 연구를 하고 있었기 때문이었다. 달꿈이는 숲속에서 보라색 꽃들을 조심스럽게 채집해 마녀의 집에 숨겨 놓았다. 그리고 작은 주머니에 꽃잎을 따로 담아 헨젤과 그레텔에게 전해 주었다.

"얘들아, 마녀가 너희를 잡아먹으려 가까이 다가오면 이 꽃을 꺼내서 흔들어 봐."

"이게 뭐야?"

"내가 며칠 동안 마녀의 행동을 관찰했는데 이 꽃의 꽃가루가 조금이라도 닿으면 정신없이 재채기를 하더라고. 아마 그 틈에 마녀를 물리치고 도망칠 수 있을 거야."

다음 날 아침, 마녀는 우리 앞으로 다가가 헨젤에게 말했다.

"히히히, 드디어 먹기 좋게 살이 쪘구나. 이제 너희들을 잡아먹어야겠다."

오븐에 불을 피운 마녀는 헨젤과 그레텔이 갇혀 있는 우리의 문을 열었다. 헨젤은 잔뜩 겁을 먹은 듯 뒤로 돌아 웅크린 채 벌벌 떨었다. 마녀가 헨젤을 꺼내기 위해 머리를 잡아당기는 순간 헨젤이 손에 있던 무언가를 홱 하고 뿌렸다.

"아이코, 이게 뭐야! 에취! 에취!"

마녀의 얼굴은 금세 눈물과 콧물로 범벅이 되었다. 헨젤은 재빨리 우리에서 탈출했고, 그레텔은 달꿈이와 힘을 합쳐 오븐 안쪽으로 마녀를 밀어 넣었다.

"안 돼!"

마녀가 쾅쾅 오븐의 문을 두드렸지만 헨젤과 그레텔, 달꿈이는 문을 꽉 잠그고 열어 주지 않았다. 잠시 후 오븐 안쪽에서는 아무 소리도 들리지 않게 되었다.

"고마워, 달꿈아. 네 덕분에 살았어."

헨젤과 그레텔은 기뻐하며 마녀가 모아 놓은 보물을 가지고 집으로 돌아갔다.

헨젤과 그레텔의 뒷모습을 보며 달꿈이가 중얼거렸다.

"동화 속 문제는 해결했는데 나는 이제 어떻게 돌아가야 하지?"

"찌르르, 찌르르."

달꿈이의 앞에 하얀 새가 나타났다. 새는 이번에도 자기를 따라오라는 듯 앞장섰다. 새를 따라간 길 끝에는 작은 도서관이 있었다. 달꿈이는 도서관 안으로 조심스럽게 들어갔다. 하지만 안에는 아무도 없었다.

"찌르르, 찌르르."

책장 위에 새가 앉아 달꿈이를 부르고 있었다.

"어? 이 책은 초대장이 있었던 책이잖아?"

책장에 있던 책을 꺼내어 마지막 페이지를 펼치자 다음과 같이 쓰여 있었다.

> 동화 속 문제를 잘 해결했군요. 감사합니다.
> 돌아가려면 눈을 감고 다시 박수를 두 번 쳐 주세요!

박수를 치자 주변이 환한 빛으로 가득 차는 느낌이 들었다.

"달꿈아, 일어나. 이러다 학교에 늦겠다."

달꿈이는 벌떡 일어나 주위를 둘러보았다. 자기 방 침대 위였다.

"헨젤? 마녀는 어디 갔지? 꿈이었나?"

어리둥절해하는 달꿈이에게 엄마의 목소리가 들렸다.

"달꿈아, 일어났어? 일어났으면 어서 씻어! 학교 가야지."

달꿈이는 눈을 비비며 침대에서 서둘러 내려왔다. 그 순간 무언가가 툭 하는 소리를 내며 바닥에 떨어졌다.

"어, 이건?"

관찰이 필요한 이유

관찰은 우리의 오감(시각, 청각, 후각, 미각, 촉각)이나 도구를 사용하여 사물과 현상으로부터 필요한 자료와 정보를 얻는 과정이에요. 관찰은 앞으로 배우게 될 많은 탐구 활동(측정, 추리, 예상, 분류 등)의 기초가 되는 활동이죠. 관찰은 단순히 대상을 보는 것이 아니라 정보를 얻으려고 일부러 하는 행동이라고 할 수 있어요. 달꿈이는 마녀의 실험 도구와 행동을 관찰하며 마녀를 물리칠 방법을 생각해 냈어요. 우리 친구들도 주변의 사물과 현상에 호기심을 가지고 관찰한다면 생활 속에서 만나는 문제들을 해결할 수 있는 방법을 찾게 될 거예요.

선생님과 과학 읽기

갈릴레오와 토성 이야기

우리는 대상을 관찰할 때 감각을 도와주는 도구들을 사용하기도 합니다. 멀리 있는 별을 보려면 어떤 도구가 필요할까요? 네, 바로 망원경입니다. 갈릴레이는 스스로 만든 망원경으로 토성을 관찰하고 이렇게 말했습니다.

"토성의 양쪽에 귀 모양의 괴상한 물체가 붙어 있다."

그 당시 망원경은 성능이 좋지 않아 갈릴레이는 자신이 발견한 것이 고리라는 것을 확실하게 알지 못했습니다. 그로부터 약 50년 뒤 네덜란드의 천문학자 하위헌스가 토성의 '양쪽의 귀'는 고리임을 밝혀냈습니다. 그리고 1675년 이탈리아의 천문학자 카시니는 더욱 좋은 망원경을 이용해 토성의 고리를 자세히 관찰하여 토성의 고리가 여러 개로 이루어져 있다는 것을 알아냈습니다. 이렇게 다양한 도구를 사용하면 우리가 평소 관찰하던 것보다 많은 것을 알 수 있습니다.

토성 양쪽에 귀 모양의 무언가 붙어 있는걸?

더 알아볼까?

숨은그림찾기

마녀의 과자 집에서 숨은 그림 5개를 찾아보세요.

| 옷걸이 | 단추 | 우산 | 자물쇠 | 붓 |

정답은 111쪽에 있습니다.

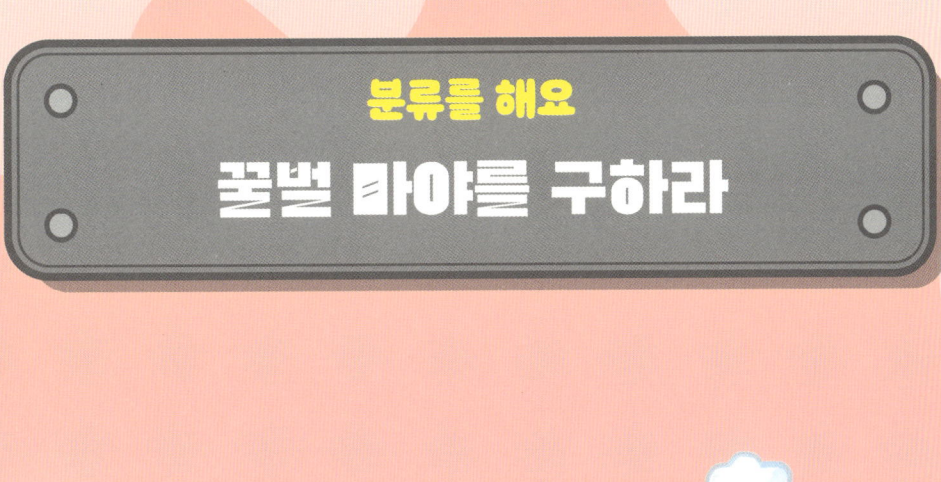

옷장 속 옷을 젖히고 안으로 들어간 달꿈이는 육각형 모양의 방 속에 있었다.

"달꿈아, 이제 일어난 거야? 그렇게 잠이 많아서 어디 꿀벌이라고 할 수 있겠어?"

"넌 누구야? 여기는 어디지?"

"꿀벌 마야를 몰라보다니 서운한걸?"

꿀벌 한 마리가 고개를 갸웃거리며 달꿈이를 보고 말했다.

'뭐라고 꿀벌이라고?'

마야의 말을 들은 달꿈이는 몸 이곳저곳을 살펴보았다. 얇은 날개, 가슴에서 뻗어나온 다리는 6개였다. 달꿈이는 날개를 한번 움직여 보았다. 순간 윙 하는 소리가 났다.

'어라? 이번에는 내가 꿀벌이 되었구나.'

달꿈이가 이런저런 생각을 하고 있는데 누군가 달꿈이의 날개를 닦아 주고 있었다. 아기 꿀벌들의 보모인 카산드라였다. 카산드라는 다정한 눈으로 달꿈이와 마야를 번갈아보며 말했다.

"마야! 달꿈아! 이제 너희들도 어엿한 일벌이니 내일부터는 꿀을 모으러 바깥세상으로 나가야 한단다."

그러나 마야는 꿀을 모으러 가는 게 정말 귀찮았다.

"카산드라! 우리 꿀벌은 왜 꿀을 모아야 하죠? 저는 꿀을 모으는 것보다 바깥세상을 구경하는 게 더 좋아요."

마야는 투덜거리며 카산드라에게 말했다.

"마야, 그게 우리의 일이란다. 꿀을 모아야 집도 만들고 꿀벌들의 먹이도 줄 수 있단다. 그리고 추운 겨울도 보낼 수 있어. 우선 오늘까지는 푹 쉬렴. 내일부터는 지금과 다른 신나는 일이 펼쳐질 테니."

다음 날 달꿈이는 마야와 함께 세상 밖으로 힘찬 날개를 펼쳤다. 첫 비행을 한 달꿈이는 모든 것이 새롭고 신기하기만 했다. 마야와 달꿈이의 시작을 응원이라도 하는 듯 숲에는 갖가지 예쁜 꽃이 흐드러지게 피어 있었다.

그때 마야가 말했다.

"꽃이 너무 많아서 어떤 꽃에 맛있는 꿀이 있는지 모르겠어. 난 노란색을 좋아하니까 내가 좋아하는 색깔로 꽃을 분류해서 꿀을 모아 볼게."

마야가 하는 말을 들었는지 노란 꽃들이 바람에 흔들리며 이리 오라고 손짓하는 것 같았다. 달꿈이는 마야의 말을 듣고 말했다.

"그래? 난 노란색보다는 빨간색이 더 마음에 드는걸?"

"그럼 각자 좋아하는 꽃으로 가서 꿀을 실컷 먹자."

마야는 말이 끝나자마자 노란 꽃에 얼굴을 파묻고 꿀을 먹기 시작했다. 달꿈이는 꽃 속에 있는 꿀도 실제 꿀의 맛과 비슷할지 상상하며 빨간색 꽃을 찾아 날아갔다. 달꿈이가 철쭉에 앉아 꿀을 먹으려 할 때였다. 마야가 기운 없는 목소리로 말했다.

"달꿈아! 나 몸이 좀 이상한 것 같아. 눈이 자꾸 감기고 몸이 점점 무거워지는 것 같아."

달꿈이가 마야를 살펴보니 날개도 축 처져 있고 툭 치면 쓰러질 것처럼 몸이 안 좋아 보였다.

"마야! 괜찮니? 내가 부축해 줄 테니 얼른 집으로 돌아가자. 이러다간 천적의 먹이가 될 수 있으니까!"

달꿈이는 마야를 데리고 꿀벌 궁전으로 돌아갔다. 마야는 몸이 더 안 좋아진 듯 가쁜 숨을 내쉬기 시작했다. 달꿈이에게 마야의 상황을 들은 카산드라는 꿀벌 여왕에게 이 소식을 전했다.

"여왕님! 꿀을 모으러 나간 마야에게 무슨 일이 생긴 것 같습니다."

카산드라의 말을 들은 꿀벌 여왕은 당장 달꿈이와 마야를 불렀다. 달꿈이는 꿀벌 여왕을 처음 보았다. 여왕답게 몸집이 더 크고 배 부분이 일반 꿀벌에 비해 더 길었다. 주변에는 여왕을 따르는 시녀 꿀벌들이 여럿 있었다. 여왕은 마야의 상태를 보더니 시녀들에게 명령했다.

"저 불쌍한 마야를 잘 보살피도록 해라. 아무래도 마야가 꿀을 모으러 가는 것이 처음이라 이런 사고가 일어난 것 같구나."

"여왕님! 그런데 마야가 왜 이런 증상을 보이는 거예요?"

달꿈이가 여왕에게 물어보았다.

"마야의 증상을 보아하니 아마 독이 있는 꿀을 먹어서 그랬을 거야. 예전에도 이런 비슷한 일을 본 적이 있지. 우리 꿀벌들은 아무 꽃의 꿀을 먹으면 안 된단다. 그런데 혹시 마야가 어쩌다가 그 꽃을 선택했는지 말해 주겠니?"

"우리가 바깥세상으로 나갔을 때 많은 꽃이 있었는데 마야는 좋아하는 색깔로 꽃을 분류했어요. 그래서 마야가 노란색 꽃의 꿀을 먹게 된 거예요."

"이런! 자신이 좋아하는 색으로 꽃을 분류하는 건 그 기준 자체가 잘못된 거란다. 분류 기준은 사람마다 달라지지 않고 누구나 분류해도 결과가 같아야 한단다. 꿀벌 왕국에 전해 내려오는 이야기가 있지. 여기서 조금 떨어진 동굴에 황금 나비가 사는데 그 나비가 해독제를 알고 있다고 들었다."

"황금 나비요?"

"나도 듣기만 했지 실제로 보지는 못했어. 함께 따라가고 싶지만 수많은 가족이 있어서 같이 가기는 힘들 것 같구나."

"여왕님! 저 혼자도 충분합니다. 제가 반드시 황금 나비를 찾아 해독제를 가져오겠습니다."

힘들어하는 마야를 보니 달꿈이는 더 이상 지체할 시간이 없었다. 달꿈이는 황금 나비를 찾기 위해 바로 길을 나섰다. 달꿈이는 산 하나를 넘고 구불구불한 하천을 건너 황금 나비가 사는 동굴 앞에 도착했다. 동굴 안은 수많은 황금 나비가 반짝반짝 빛을 내고 있어 조금도 어둡지 않았다.

'저 나비들이 바로 여왕님이 말씀하신 황금 나비로구나. 마야야, 조금만 기다려. 내가 반드시 해독제를 구해서 갈게.'

달꿈이가 동굴 안으로 들어가자 황금 나비들은 달꿈이를 경계하며 막아섰다.

"당신은 누구십니까? 여기는 왜 온 거죠?"

황금 나비 중 몸집이 크고 유난히 반짝이는 황금 나비가 달꿈이를 노려보며 말했다.

"안녕하세요. 저는 달꿈이라고 합니다. 제 친구가 독이 든 꽃의 꿀을 먹고 큰 병에 걸렸어요. 여기에 그 해독제가 있다고 들었습니다. 혹시 저에게 주실 수 있을까요?"

"그 해독제가 여기에 있긴 합니다만 해독제를 그냥 드릴 수는 없지요. 세상에 공짜란 없는 법이니까요. 제가 내는 시험을 통과해야만 해독제를 드릴 수 있습니다."

시험이라는 말에 달꿈이는 벌써부터 긴장되기 시작했다. 시험이라면 질색이기 때문이다. 그러나 마야를 생각하면 포기할 수 없었다.

"준비되었으니 얼른 문제를 내 주세요."

"네. 이제 문제를 드리겠습니다. 제가 말하는 동물의 이름을 잘 듣고 기준에 따라 분류해 보세요."

황금 나비는 달꿈이를 바라보며 동물의 이름을 하나씩 부르기 시작했다.

"나비, 개미, 거미, 잠자리가 있습니다. 기준을 세워 이것들을 분류해 보세요."

달꿈이는 기준이라는 말에 꿀벌 여왕이 한 말이 떠올랐다.

'분류 기준은 명확해야 한다. 사람마다 결과가 달라서는 안 된다.'

달꿈이는 곰곰이 생각했다.

'어떤 것을 분류 기준으로 하지? 누구나 분류해도 결과가 같은 것이 뭘까?'

달꿈이는 다리의 개수로 분류 기준을 정했다.

"다리의 개수에 따라 분류하면 나비, 개미, 잠자리는 6개이고 거미는 다리가 8개입니다. 따라서 나비, 개미, 잠자리 그리고 거미로 분류할 수 있습니다."

"네, 잘했어요! 다리의 개수가 6개인 것은 곤충이라고 하고 거미와 같이 다리의 개수가 8개인 것은 곤충이 아니겠죠? 다리 개수 말고 또 하나의 분류 기준을 말해 보세요."

다리의 개수를 분류 기준으로 생각해 낸 것은 쉬웠지만 또 하나는 생각이 잘 나지 않았다. 하지만 달꿈이는 네 동물의 생김새를 떠올려 보고 답을 찾을 수 있었다.

"머리, 가슴, 배로 구분되어 있는가입니다. 나비, 개미, 잠자리는 모두 머리와 가슴 그리고 배 총 세 부분으로 나뉘어 있지만 거미는 머리와 가슴이 붙어 있어서 머리가슴 그리고 배 이렇게 두 부분으로 나뉘어 있습니다. 따라서 나비, 개미, 잠자리와 나머지 거미로 분류할 수 있습니다."

"네. 이번에도 잘 나누었군요. 분류 기준을 잘 세워 동물을 분류했으니 약속대로 해독제를 드리겠습니다."

우두머리 황금 나비가 날갯짓을 몇 번 하니 수많은 황금 나비가 반으로 갈라졌다. 이윽고 앵두처럼 붉은 꽃이 드러났다.

"이 꽃은 우리 황금 나비가 오랫동안 지키고 있는 꽃이랍니다. 이 꿀을 가져가서 친구를 꼭 살리길 바랍니다. 이 꿀을 먹으면 모든 독이 몸 밖으로 빠져나가 병이 나을 것입니다."

황금 나비의 말을 들은 달꿈이는 붉은색 꽃으로 날아가 꿀을 쪽쪽 빨기 시작했다. 달꿈이는 이 꿀에 마야의 목숨이 달려 있다고 생각하며 한 방울도 남기지 않고 모두 빨아들였다. 몸속에 충분히 꿀을 저장한 달꿈이는 꿀벌 궁전을 향해 전속력으로 날아갔다.

꿀벌 궁전에 도착한 달꿈이는 곧장 마야에게 갔다.

"마야, 좀 괜찮니? 내가 해독제를 가져왔어. 얼른 입을 벌려 봐."

마야는 붉은색 꽃에서 가져온 꿀들을 뱉어내 마야의 입에 넣었다. 달꿈이가 가져온 꿀을 먹은 마야의 얼굴에 점점 화색이 돌기 시작했다. 축 처져 있던 날개는 윤기가 흘렀고 희미했던 줄무늬도 점점 선명하게 바뀌기 시작했다.

"달꿈아! 이제 좀 괜찮아진 것 같아. 네 덕분이야. 정말 고마워!"

"괜찮아져서 정말 다행이다. 다음에는 잘 모르는 꽃의 꿀을 빨아먹지 마! 독이 있는 꽃과 없는 꽃을 잘 구별해서 먹어야 해."

"내가 생각이 좀 짧았던 것 같아. 이제는 내가 좋아하는 것으로 분류 기준을 정하지 않을 거야."

마야의 사건 이후 꿀벌 왕국에서는 정확하게 분류하는 것이 얼마나 중요한지에 대해 알게 되었다. 꿀벌 여왕은 두 번 다시 이런 일이

되풀이되지 않도록 독이 있는 꽃과 없는 꽃을 잘 분류할 수 있는 기준을 마련할 수 있도록 지시했다.

"마야, 앞으로 조심하도록 해. 난 이제 가 볼게."

달꿈이는 힘차게 손뼉을 두 번 쳤다.

그것이 궁금해

분류는 어떻게 할까?

분류는 대상의 특징을 관찰하여 공통점과 차이점을 찾고 기준을 세워 나누는 것을 말해요. 마야는 '내가 좋아하는 색깔'이라는 분류 기준으로 꽃을 분류했어요. 그런데 이 분류 기준은 옳은 기준이 아니에요. 왜냐하면 '좋아하는 색깔'은 사람마다 그 기준이 다를 수 있기 때문이죠. 황금 나비가 달꿈이에게 나비, 개미, 거미, 잠자리를 분류하라는 시험을 냈었죠? 달꿈이는 2가지를 분류 기준으로 세웠어요. 다리의 개수와 머리, 가슴, 배로 구분할 수 있는가이죠. 이렇게 분류 기준이 객관적이라면 분류하는 사람마다 분류 결과가 같아진답니다.

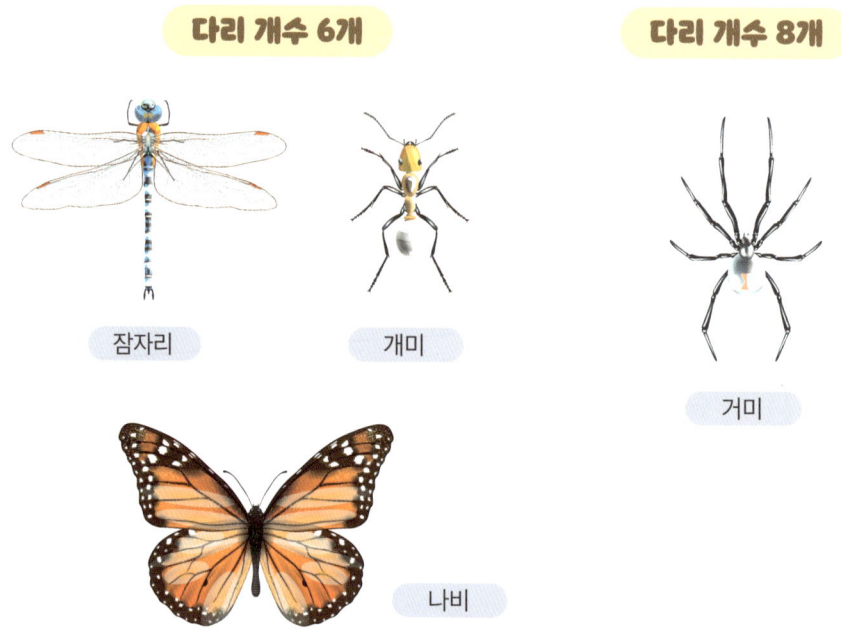

선생님과 과학 읽기

맛을 어떻게 구분할까?

우리는 혀로 음식의 맛을 느낄 때 4가지 종류로 구분한다고 합니다. 단맛, 쓴맛, 짠맛, 신맛이 바로 그것이죠. 흔히 혀의 부위별로 이 4가지 맛을 느낀다고 알고 있는데, 이는 잘못된 사실입니다. 맛은 혀의 모든 부위에서 느껴집니다. 맛의 분류 기준은 혀의 부위가 아니라 혀의 미뢰라는 감각 수용기가 맛을 느끼는가입니다. 그리고 매운맛은 맛의 분류에 포함되지 않습니다. 매운맛은 미뢰에서 느끼는 것이 아니라 혀를 자극하는 것이기 때문에 맛의 분류에 포함되지 않는 것입니다. 우리가 살을 꼬집었을 때 '아프다'라고 느끼는 것처럼 매운맛은 아픈 느낌에 가깝습니다. 최근에는 기본 맛 4가지로 표현할 수 없는 감칠맛이라는 맛을 발견했답니다. 또한 느끼하고 고소한 맛인 지방 맛도 추가되었어요.

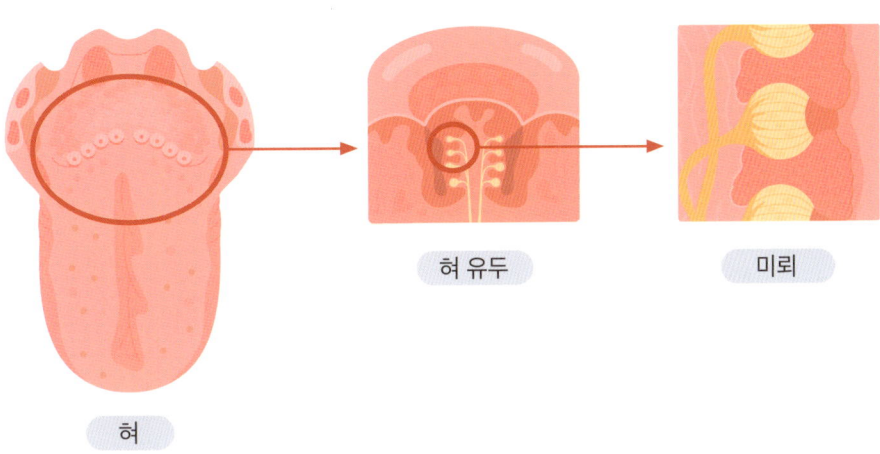

혀 → 혀 유두 → 미뢰

더 알아볼까?

곤충과 거미의 차이

곤충

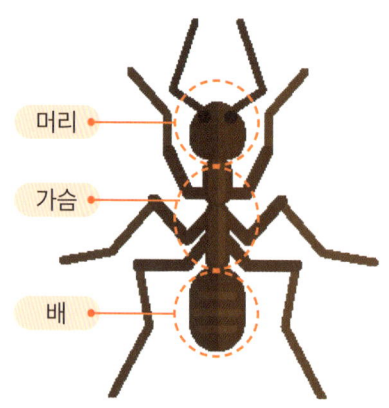

- 머리
- 가슴
- 배

거미

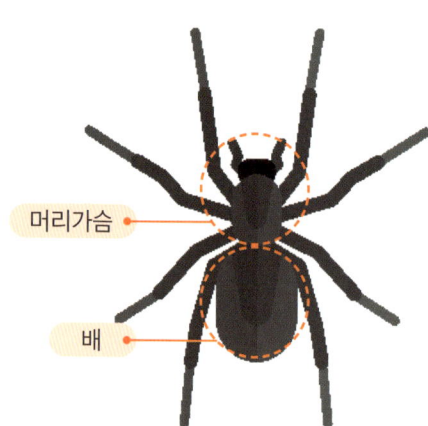

- 머리가슴
- 배

곤충 VS 거미 차이 한눈에 보기

	곤충	거미
몸의 구성	머리, 가슴, 배	머리가슴과 배
눈	겹눈과 홑눈	홑눈
더듬이	있다	없다
다리	6개	8개
날개	있다	없다
탈바꿈	한다	하지 않는다

예상을 해요
누구를 위한 그릇일까?

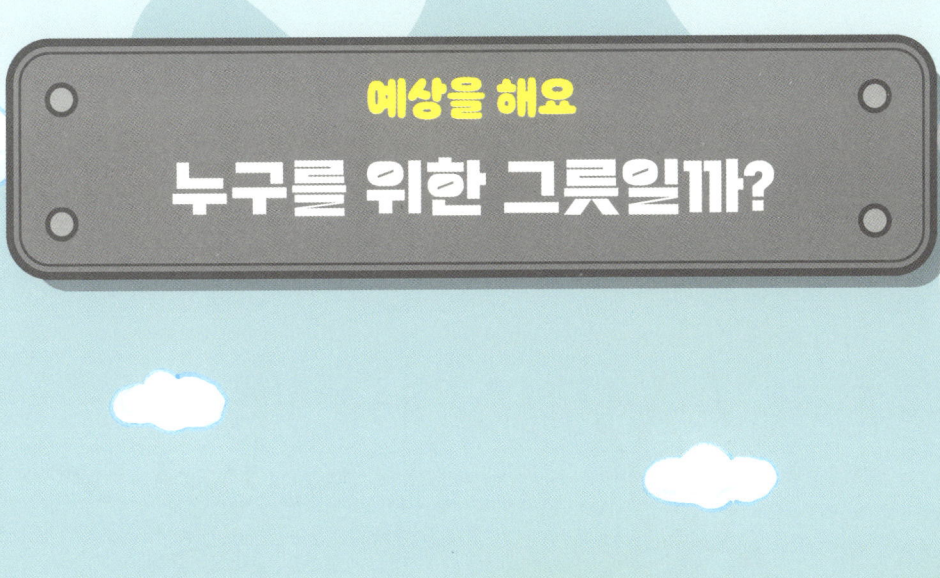

오늘도 옷장 안을 헤치고 나가자, 달꿈이 앞에 널찍한 재판장이 나타났다. 앞쪽 중앙에는 판사 봉을 들고 있는 호랑이가 있었고, 호랑이의 오른쪽에는 두루미 한 마리가 무엇이 불만인 듯 팔짱을 끼고 앉아 있었다. 두루미의 맞은편에는 화가 많이 난 듯 씩씩거리며 앉아 있는 여우가 있었다.

"어흥! 오늘도 재판을 시작해 봅시다. 언제 끝날지는 모르겠지만……."

"호랑이 재판관님, 오늘은 저부터 말하고 싶어요."

두루미가 손을 들고 말하자 호랑이가 손으로 먼저 하라고

신호를 보냈다.

"잘못은 무조건 여우에게 있다고 생각해요. 저의 긴 부리에 맞지 않는 납작한 접시에 음식을 내놓았다고요!"

여기저기서 새들이 큰 목소리를 내었다.

"어흐흥! 조용히들 하세요. 여우 이야기도 들어 봅시다."

주먹을 불끈 쥔 여우도 벌떡 일어나서 이야기를 시작했다.

"그래요. 제가 먼저 잘못했어요. 하지만 저 녀석은 나를 초대해서 일부러 제 입이 닿지 않는 길쭉한 병에 죽을 넣어 주었어요. 전 모르고 한 거지만 두루미는 일부러 그랬다고요."

"여우의 말이 옳소!"

여기저기서 네 발 달린 동물들의 큰 목소리가 들리기 시작했다.

호랑이 재판관이 '어흐흥' 소리를 내며 주의를 주었지만, 한 번 소란스러워진 재판장은 좀처럼 잠잠해지지 않았다. 달꿈이는 자기도 모르게 일어나 호랑이 재판관 앞까지 걸어갔다.

"혹시 여우와 두루미가 그릇 때문에 화가 난 것이라면 두 동물이 모두 사용할 수 있는 그릇을 만들어 드리면 될까요?"

여러 동물들이 달꿈이를 쳐다보았고 호랑이 재판관이 말을 이었다.

"듣고 보니 맞는 말 같은데, 이 어린 원숭이에게 기회를 주는 건 어떨까요?"

여러 동물들이 다시 달꿈이를 쳐다보았다.

'뭐라고? 내가 원숭이?'

달꿈이는 손을 쳐다보았다. 손등 위에 갈색 털이 수북이 덮여 있었다.

"그래, 원숭이는 영리한 편이니까 우리의 문제를 해결해 줄지 모르겠어."

오소리가 일어서서 말했다. 오소리의 말에 몇몇 동물들도 고개를 끄덕였다. 방청객의 뒤편에서 지팡이를 짚고 있던 원숭이가 일어섰다. 망가진 것은 무엇이든 다 고쳐서 '뚝딱'이라는 별명을 가진 뚝딱 할머니였다.

"처음 보는 녀석이지만, 제가 데리고 가서 여우와 두루미에게 딱 맞는 그릇을 만들어 보겠소."

"그래요. 서로 도와준다면, 분명 좋은 해결책이 나올 것 같군요. 어흥."

호랑이 재판관이 말하자 방청석에 있던 여러 동물이 싸우려던 것을 멈췄다.

잠시 후 뚝딱 할머니가 달꿈이에게 다가왔다.

"어린 원숭이, 네 이름이 뭐냐?"

"저는 달꿈이예요."

"남의 일에 나서는 게 꼭 내 젊었을 때 같구나. 우리 집 작업실로 함께 가자."

달꿈이는 뚝딱 할머니를 따라 할머니의 작업실로 갔다. 작업실에는 톱, 망치, 줄, 자, 먹통, 대패 등 각종 도구가 잘 정돈되어 있었다.

"그래, 여우하고 두루미를 위한 그릇을 어떻게 만들어 주면 되겠니?"

"……."

달꿈이가 아무 말도 하지 못하자, 뚝딱 할머니가 더 당황했다.

"너 어떻게 할지도 모르면서 해 보겠다고 큰소리친 거였어? 휴!"

뚝딱 할머니는가 한숨을 크게 쉬고는 종이와 연필, 지우개 등을 내

놓았다.

"무엇이든 그려 보거라. 그리다 보면 새로운 아이디어가 생기기도 한단다."

뚝딱 할머니 말대로 달꿈이는 생각나는 것들을 그리고 지우고 또 그렸다. 한 자리에서 몇 시간을 꼼짝 않고 그리면서 생각했다.

'호리병 같은 그릇과 대접 같은 그릇을 합치면 되는 거 아닌가?'

쓱싹쓱싹.

어느새 달꿈이는 자기 생각대로 그릇을 그려 냈다.

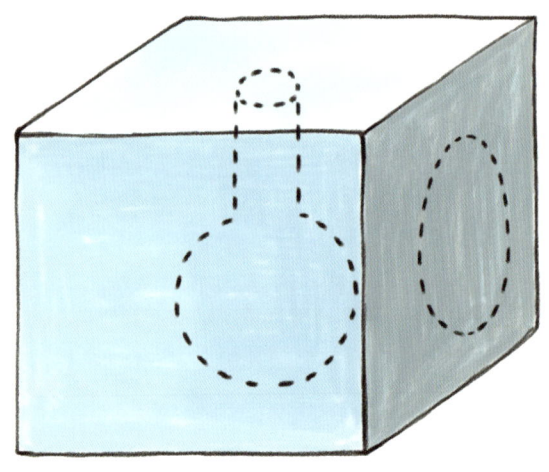

"음! 달꿈아, 네가 그린 거니? 꽤 그럴 듯하구나."

"앗! 뚝딱 할머니, 마음에 드세요?"

"이대로 만든다면 여우와 두루미 두 녀석이 싸우지 않을 수 있을 것 같군."

뚝딱뚝딱.

뚝딱 할머니는 밤을 새워 그릇을 만들었다.

"자! 달꿈아, 다 됐다. 호랑이 재판관님께 그릇이 완성되었다고 알려야겠다."

달꿈이는 눈을 비비며 일어났다. 달꿈이가 어제 종이에 그린 그릇이 뚝딱 할머니의 선반 위에 떡하니 올려져 있었다.

잠시 뒤 뚝딱 할머니는 종달새 아줌마를 불러 편지 하나를 입에 물렸다.

"종달새 아줌마, 이 편지를 호랑이 재판관님에게 잘 전해 주세요."

종달새 아줌마는 편지를 문 채 고개를 끄덕이며 호랑이 재판관이 사는 숲속 깊은 동굴로 날아갔다. 잠시 후 종달새 아줌마는 호랑이 재판관이 보낸 편지를 물고 왔다.

"뚝딱 할머니, 무슨 편지인가요?"

"내일 또 재판이 열린다고 하네. 우리는 이 그릇을 가지고 가면 되겠다."

다음 날, 달꿈이와 뚝딱 할머니는 그릇을 보자기에 소중히 싸서 재판장으로 향했다. 문을 열자 동물 모두가 보자기를 바라보았다.

"저게 그 그릇인가 보구먼."

기대에 가득찬 동물들의 웅성거림이 재판장을 가득 채웠다. 호랑이 재판관이 보자기를 열어 보라고 뚝딱 할머니에게 손짓했다.

"이 그릇은 두루미의 좁은 호리병과 여우의 넓은 대접이 다 들어가 있습니다."

뚝딱 할머니는 보자기에서 그릇을 꺼내며 설명을 이어 갔다.

호리병과 대접이 다 들어간 그릇   두루미가 쓸 때의 방향   여우가 쓸 때의 방향

"두루미가 쓸 때는 호리병이 위로 향하고, 여우가 쓸 때는 대접이 위로 향합니다."

호기심 강한 눈빛으로 여우가 그릇으로 다가갔다. 여우는 그릇을 몇 번 살펴보더니 들었다 놨다를 반복했다. 그러고는 고개를 저으며 말했다.

"이런 그릇은 집에서 쓸모가 없어요."

재판장 안은 다시 찬물을 끼얹은 듯 조용해졌다. 호랑이 재판관이 여우에게 물었다.

"여우야, 쓸모가 없다는 게 무슨 말이지?"

"우선 너무 무거워요. 상자 형태의 그릇도 이상하고, 두 그릇의 형태를 다 담고 있다 보니까 무거워졌어요. 게다가 너무 커서 제 찬장 서랍에 들어가지 않을 것 같아요. 역시, 앞으로 두루미는 초대하지 않는 게 좋을 듯합니다."

가만히 듣고 있던 두루미가 발끈해 벌떡 일어났다.

"맞아요. 혼자 밥을 먹을 때도 여우의 그릇을 들고 다녀야 한다는 거잖아요. 저도 저 녀석은 집에 초대하지 않는 게 좋을 듯합니다."

"뭐라고? 저 녀석?"

여우는 지난 재판보다 더 방방 뛰었다.

"저런 엉터리 그릇을 만들어 놓고 우리를 부른 거야? 원숭이는 좀 똑똑한 줄 알았는데, 실망이야!"

방청석 곳곳에서 불평 소리가 들렸다. 뚝딱 할머니가 달꿈이에게 속삭였다.

"달꿈아! 서둘러 여기를 빠져나가자. 여기 더 있다가는 큰일 나겠어."

달꿈이와 뚝딱 할머니는 보자기로 그릇을 감싼 뒤 서둘러 작업실로 돌아왔다.

"아무리 생각해도 이상해요. 왜 우리가 만든 그릇을 싫어하죠?"

"달꿈아! 어쩌면 우리가 생각을 잘못하고 있는 것은 아닐까?"

"전 여우의 그릇과 두루미의 그릇이 다 들어갔으니 문제가 없다고 생각해요."

달꿈이는 뚝딱 할머니의 지적 때문에 뾰로통한 표정을 지었다.

"우리가 관찰해야 하는 것은 그릇만이 아니란다. 그릇을 쓰는 동물들이 이 그릇을 어떻게 쓸지 관찰하고, 사용할 때 어떤 일이 일어나는지를 생각해야지."

"어떤 일이 일어날지 생각한다고요?"

"그래, 달꿈아. 그걸 예상이라고 한단다."

뚝딱 할머니의 말에 무엇이라도 맞은 듯 달꿈이의 머리가 복잡해졌다.

"저 잠깐 뒷마당에 있다가 올게요."

달꿈이는 뒷마당으로 향했다. 뒷마당에는 큼지막한 사과나무가 있었고, 그 위에 탐스러운 열매들이 열려 있었다.

'아! 맛있겠다. 그런데 너무 높아.'

그런데 달꿈이가 나무에 손을 대자 손이 나무에 붙은 것처럼 떨어지지 않았다.

'아! 맞다. 나 원숭이지.'

원숭이답게 달꿈이는 나무의 가지 사이사이를 다니며, 나무에 열린 사과를 맛있게 먹었다. 그러다가 하나의 생각이 스치듯이 머리를 지나쳤다.

'내가 원숭이일 때와 사람일 때 나무에 대한 느낌이 다르구나. 앗! 어쩌면 내가 만든 그릇이 여우와 두루미는 서로 다르게 느껴질지 모르겠어.'

너무 골똘히 생각한 나머지 달꿈이는 사과나무에서 쿵 떨어졌다. 저녁 준비를 하던 뚝딱 할머니가 큰 소리에 놀라 뛰어나왔다.

"할머니, 전 괜찮아요. 그런데 이제 좀 알 것 같아요. 오늘 다른 그릇을 그릴게요."

"이 녀석, 밥이나 먹고 하자."

식사를 마치고 달꿈이는 종이 위에 여우와 두루미의 입 모양을 먼저 그렸다.

"그래. 여우는 넓적한 입을 가지고 있고, 두루미는 뾰족한 입을 가지고 있지. 그러니 넓적한 그릇이 필요한데…… 문제는 두루미의 뾰족한 입이 들어갈 수 있는 긴 관이 필요하겠어."

달꿈이는 그릇의 쓰임을 예상하며 그림을 그리고 또 지우느라 밤

을 새웠다.

"할머니, 드디어 여우와 두루미를 위한 그릇을 그렸어요."

뚝딱 할머니는 깜짝 놀라 잠에서 깼다.

"너 혹시 어제 한숨도 자지 않은 거니?"

"네, 할머니. 하지만 전 지금 너무 신이 나요."

찬찬히 달꿈이의 그림을 보던 뚝딱 할머니는 무릎을 쳤다. 그리고 그릇을 만들 적당한 재료를 뒷마당 창고에서 가져왔다.

뚝딱뚝딱.

뚝딱 할머니의 작업으로 모양이 갖추어졌고 지난번보다 쉽게 그릇이 완성됐다.

그릇이 완성되자 뚝딱 할머니는 정성껏 보자기로 쌌다.

"달꿈아, 이 그릇이라면 여우와 두루미 모두 만족할 것으로 예상이 되는구나."

"할머니, 고맙습니다. 새로운 것을 만들 때 어떤 점을 예상해야 하는지 이제야 알 것 같아요. 다 할머니 덕분이에요. 많이 배웠습니다."

달꿈이는 뚝딱 할머니에게 크게 인사를 하고 박수를 두 번 쳤다.

예상이 중요한 이유

　예상은 관찰, 경험에 의해서 얻어진 자료를 바탕으로 아직 일어나지 않은 사건을 미리 생각해 보는 것이에요. 우리는 매일 예상을 하고 있어요. 예상을 해 본 적이 없다고요? 아닐걸요. 한번 생각해 볼게요. 화장실에서 볼일을 보고 여러분은 무엇을 하시나요? 네, 변기의 손잡이를 내리지요. 왜 손잡이를 내리나요?

　그렇죠. 물이 나올 것을 관찰과 경험을 통해 예상하고 있기 때문이죠.

변기 손잡이 내리기

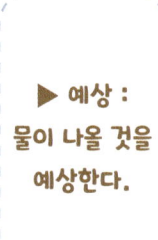
▶ 예상 :
물이 나올 것을
예상한다.

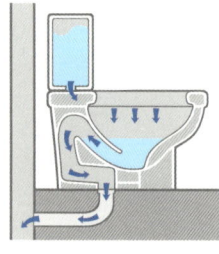
물이 나온다.

　먼저 관찰을 하고 규칙을 찾게 된다면 예상은 더욱 쉬워져요. 여러분들은 앞의 동화를 읽고, 어떤 그릇을 그렸을지 몹시 궁금해요. 우리 친구들도 딱 맞는 그릇을 그려서 여우와 두루미가 이야기 속에서 더 이상 다투지 않았으면 해요. 지금 당장 그릇을 그려 보고 예상해 보아요.

선생님과 과학 읽기

다윈의 예상

1862년 다윈은 마다가스카르섬에서 이상한 난을 보게됩니다. 이 식물의 꿀은 깊은 관 속에 있는데 관의 길이가 무려 30cm(센티미터) 이상이었어요. 다윈은 난을 보고 "난의 긴 관과 비슷한 길이의 입을 가진 곤충이 이 섬에 살고 있을 것이다."라고 예상했어요. 하지만 당시에 이 예상은 받아들여지지 않았어요. 이런 이상한 입을 가진 곤충이 발견되지 않았기 때문이에요.

앙그라이쿰 세스퀴페달레 난

다윈 사망 후 21년 후에 다윈의 예상대로 길이 20cm 이상인 입을 가진 나방이 발견됐어요. 그 나방의 이름은 '크산토판모르가니 프레딕타'랍니다.

더 알아볼까?

종이비행기 날리기

비행기로 예상을 해 보아요. 다음 그림을 보며 종이를 따라 접어 보세요.

❶ 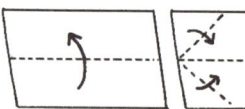   ❷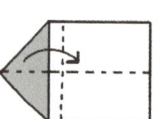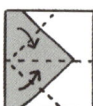

❸ 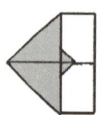   ❹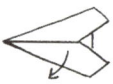

자! 비행기를 날리기 전 아래처럼 세 가지 방법으로 종이를 자르고 접는다면, 어떻게 될지 각각 예상해 봅시다.

예상 1   예상 2   예상 3

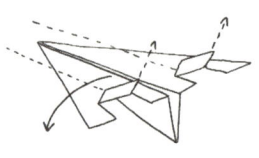 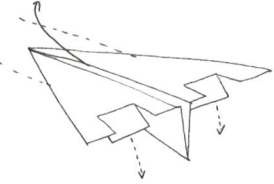 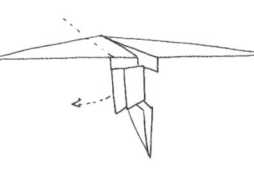

이제 날려 볼까요? 여러분의 예상이 맞았나요? 틀려도 상관없습니다. 예상해 본 것만으로 충분합니다.

추리를 해요
거짓말쟁이 자라

오늘도 달꿈이는 옷장 속 옷을 헤치고 나아갔다. 마지막 옷을 젖히자 쨍쨍한 햇빛이 내리비쳤다. 이번에는 산 한가운데, 커다란 공터였다. 어깨에 힘이 잔뜩 들어간 토끼 한 마리가 다른 동물들과 함께 이야기꽃을 피우고 있었다.

"다음 주면 난 용궁에 가네. 부탁하고 싶은 게 있으면 다들 말을 하라고."

자신감 넘치는 토끼의 말에 동물 친구들은 와 하는 소리를 냈다. 달꿈이는 그런 토끼의 모습을 보고 자기도 모르게 웃음을 터뜨렸다.

"푸핫!"

순간 동물 친구들의 시선이 달꿈이로 향했고 토끼는 기분이 상해서 달꿈이에게 쏘아붙였다.

"너! 어디서 갑자기 나타난 토끼인지 모르겠는데, 지금 내 앞에서 웃은 거야?"

'뭐라고? 내가 토끼라고?'

달꿈이의 손이 새하얀 솜털 뭉치로 둘러싸여 있었다.

"아! 미안. 네가 너무 귀여워서 실수를 했네."

토끼는 기분이 상한 듯 팔짱을 끼고 말을 이어 나갔다.

"그래, 며칠 뒤면 보지 않을 녀석이니 신경을 쓰지 않겠어. 흥!"

"토끼야, 혹시 너, 용궁에 가니?"

"에헴! 일주일 전에 나한테 아주 좋은 기회가 생겼다는 말씀."

이 토끼의 이름은 깡총이로, 어느 날 자라 한 마리가 나타나 보자마자 큰절을 했다고 한다. 용왕님이 바다를 다스릴 재상을 찾는데 자신이 바로 그 인물이라고 했다. 일주일 후에 자기를 태울 멋진 용궁 꽃가마가 이 산 앞 바닷가에 도착한다고 했다.

"깡총아, 그 자라를 믿어도 된다고 생각해? 너무 이상한데……."

깡총이의 친구 너구리가 의심스러운 목소리로 말했다.

"너구리, 아직도 내 말을 완전히 못 믿는 거야? 하긴, 나도 처음에 자라 대신을 의심하긴 했지."

깡총이는 손으로 너구리의 어깨를 가볍게 두드렸다.

"그럼 지금은 자라를 믿을 이유가 생긴 거야?"

깡총이는 손으로 멀리 있는 큰 기와집을 가리켰다.

"얼마 전 자라 대신이 저 집에 이사를 와서 우리를 초대했어. 우리가 뭐 하는 분이냐고 자꾸 캐묻자 용왕님의 신하라는 사실을 어렵게 밝혔어."

"그러니까 깡총아, 그걸 어떻게 믿냐고?"

"녀석, 참으로 의심도 많군. 자라 대신 집에는 커다란 수조가 있는데, 그 수조 안에 민물고기인 붕어와 잉어가 바닷물고기인 고등어랑 같이 헤엄을 치더란 말이지. 이게 기적이고, 자라 대신이 용왕님의 신하라는 증거야."

달꿈이는 무엇인가 잘못되고 있다고 생각했다.

"난 솔직히 못 믿겠어. 나를 그 자라네 집에 데려다줄 수 있겠어?"

"네가 자라 대신님 앞에서 이상한 소리를 하면 내가 좀 곤란해. 절대 안 돼."

깡총이가 불편한 표정을 짓자 너구리가 두 손을 휘저으며 큰 소리로 말했다.

"하지만 그것만으로는 믿기 어렵다고!"

"의심 많은 너구리랑 갑자기 나타난 토끼 녀석에게 보여 줄 필요가 있겠어. 자라 대신 집에 모두 가자고."

깡총이가 앞장서고 너구리, 달꿈이 그리고 여러 숲속의 동물이 자라 대신의 문앞까지 줄을 지어 걸어갔다. 깡총이는 자라의 집 앞에서 목을 가다듬었다.

"아아! 이리 오시게, 자라 대신! 나 깡총 재상일세."

"아앗! 깡총 재상님! 잠시만 기다리십시오. 집이 지저분해 정리가 필요합니다."

잠시 후 잘 차려입은 자라가 뛰어나왔다. 자라는 나오자마자 깡총이에게 큰절을 했다.

"깡총 재상님, 누추한 저희 집에 또 와 주셔서 영광입니다."

"자네가 몹시 보고 싶다는 녀석이 있어서 말이지. 에헴!"

자라는 엎드린 채 고개를 살짝 들어 숲속 친구들을 째려보았다.

"그나저나, 친구들이 내 말을 못 믿고 자네 집 수조를 보자고 하네. 보여 줄 수 있겠지?"

깡총이는 수조를 손가락으로 가리켰다. 수조 앞에는 커튼이 가로막고 있었다.

"그럼요. 깡총 재상님이 보시자고 하면 언제든 보여 드릴 수 있습니다."

자라는 손잡이를 당겨 커튼을 열었다. 깡총이가 말한 대로 민물고기인 잉어, 붕어가 바닷물고기인 고등어와 함께 어울려 헤엄을 치고 있었다.

"아! 정말이네."

달꿈이가 눈이 튀어나올 듯이 수조를 바라보자 자라는 미소를 머금었다.

"이것으로 다들 자네를 믿게 됐네. 이제 커튼을 달아도 된다네."

"알겠습니다, 깡총 재상님."

달꿈이는 커튼을 닫으려는 자라의 손을 잡았다.

"잠깐만요! 우선 사다리를 주세요. 제가 올라가서 수조 물맛을 봐야겠어요."

달꿈이가 사다리에 오르자 자라의 눈빛이 흔들렸다.

"그리고 뜰채도 가져다주세요. 제가 지금 물맛을 보니 민물은 맞아요. 고등어를 잡아서 진짜 고등어인지 보고 싶어요."

자라의 하인이 뜰채를 사다리 위로 올려 주었다. 달꿈이는 뜰채로 고등어 한 마리를 잡아 올렸다. 고등어의 검은 등 줄무늬가 선명하게 보였다.

"아! 진짜 고등어잖아."

달꿈이의 혼잣말이 아래 있는 자라와 깡총이에게도 들렸다.

"잘 봤네, 자라 대신. 이제 딱 7일이 남았구만."

"맞습니다. 그리고 그동안 저 의심 많은 토끼와는 거리를 두시는 게 좋을 듯합니다."

"자라 대신, 이제 저 녀석 이야기는 듣지도 않을걸세. 껄껄껄!"

이후 홀로 남겨진 달꿈이는 깡총이를 처음 만난 풀밭 위를 빙빙 돌았다.

"아무리 생각해도 이건 말이 안 되잖아. 이건 아니라고."

"그래, 콜록콜록! 내 말이 그 말이야."

혼자 있다고 생각했는데, 그 풀밭에는 달꿈이 말고 다른 토끼가 있었다.

"깜짝이야! 넌 누구니?"

"콜록콜록! 난 깡총이의 할아비란다."

"앗! 죄송해요. 그런데 제 말이 맞다고 하신 거 맞아요, 깡총이 할아버지?"

"그래. 민물고기와 바닷물고기가 같이 산다는 것도 말이 안 되고, 그것만 보고 용궁 가겠다는 깡총이 녀석도 말이 안 되고 말이야."

"그런데 너무 이상해요. 정말 고등어가 그 민물 수조에 살아 있었어요."

"자라 녀석들은 예전부터 우리를 속여 용궁에 데려가고 위기에 빠뜨렸지."

"이젠 어떻게 깡총이를 구하죠?"

"동물이나 사람이나 보이는 것만을 믿으려고 하지. 내가 용궁을 갔을 때, 내 간이 안 보이니까 배 속에 간이 없다는 말을 믿더군. 푸훗!"

"보이는 것만 믿는다고요?"

"그래, 다들 보이는 것을 바로 믿으려 해. 하지만 관찰한 것을 꼼꼼히 기록해 두고 돌이켜 생각해 보면 진실을 알 수 있지."

"할아버지, 꼼꼼히 기록하고 돌이켜 생각해 보라고요?"

"그걸 추리라고 한단다. 자라 집에서 있었던 일을 떠올려 추리를 해 보거라."

마지막 말을 남기고 깡총이 할아버지는 숲속 길을 따라 처벅처벅 사라져 갔다.

달꿈이는 깡총이 할아버지가 남긴 말을 생각하고 또 생각했다.

그렇게 일주일이 지났다. 아침부터 깡총이는 숲속 친구들과 함께 자라의 집으로 향했다. 자라의 집 앞에는 큰 가마가 있었다.

"에헴! 이것인가 보군, 자라 대신."

"네네, 이제 타시면 됩니다."

깡총이가 가마를 타려는 순간 달꿈이가 서둘러 달려와 깡총이를 붙들었다.

"잠깐! 자라님, 한 번만 더 그 수조를 보여 주세요."

달꿈이의 말에 자라의 눈빛이 지난번보다 심하게 흔들렸다.

"재상님, 빨리 가마에 타시지요. 용왕님이 기다리고 있습니다."

"아니지. 나도 그 수조가 보고 싶구나. 여길 떠나면 한동안 신기한 수조를 못 볼 테니 말이야."

깡총이의 말에 자라의 입이 일그러졌다. 하지만 다시 천연덕스럽게 미소를 지었다. 모두 자라의 집에 들어가서 수조의 커튼을 열었다. 역시 고등어와 붕어, 잉어가 함께 헤엄치고 있었다.

고등어를 살피던 달꿈이가 무엇인가 알겠다는 듯 고개를 끄덕였다.

"자라 님, 저 고등어를 꺼내 주시겠습니까?"

잠시 뒤 고등어가 양동이에 담긴 채로 달꿈이 앞에 놓여졌다. 달꿈이는 가방에서 그림 하나를 꺼냈다.

"자! 깡총아, 이 그림 속 고등어는 내가 일주일 전에 본 고등어야. 등 줄무늬가 이렇게 생겼지. 하지만 이 양동이 속 고등어는 등 줄무늬가 달라. 즉, 다른 고등어라는 뜻이야."

깡총이의 눈이 보름달처럼 동그래졌고 자라의 이마엔 식은땀이 나기 시작했다.

"잠깐 동안 고등어도 민물에서 살 수 있어. 고등어가 살아 있는 동안 자라 대신이 우리에게 수조를 보여 주고, 기적이라고 한 거야. 그

이후에 그 고등어는 아마 죽었을 거야."

"그, 그럼, 죽은 고등어 대신에?"

"죽은 고등어는 어딘가에 버리고, 우리가 오면 다시 새 고등어로 바꿔치기한 것으로 추리할 수 있겠어. 다시 말해 저 자라는 거짓말로 깡총이 너를 납치하려고 한 거야!"

자라는 당황해서 말을 버벅거렸다.

"깡총 재상님! 그, 그게 아니고요."

숲속 친구들 모두 자라를 빙 둘러싸고 크게 화를 냈다.

"제가 잘못했습니다. 제발 목숨만은 살려 주세요."

달꿈이의 추리로 자라의 거짓말이 들통났고 깡총이는 목숨을 구할 수 있었다.

"음, 이제 내가 할 일은 다한 것 같아. 다음부터는 이상한 일이 생기면 추리를 하자고."

달꿈이는 미소를 크게 지으며, 박수를 두 번 쳤다. 짝짝!

그것이 궁금해

관찰과 추리는 짝꿍

추리는 관찰로 얻은 자료를 가지고 일어난 사건을 돌이켜 생각해 보는 것이에요. 추리하면 무엇이 떠오르나요? 탐정 셜록 홈스가 추리로 범인을 찾아내는 장면이 떠오르지 않나요?

하지만 추리는 꼭 탐정만 하는 것이 아닙니다. 여러분이 집에 왔는데 못 보던 신발이 보이면 무엇을 추리할 수 있죠? 그렇죠. 집에 손님이 왔다고 추리할 수 있어요.

이야기에서 달꿈이는 추리로 깡총이를 살렸습니다. 지난주에 봤던 고등어를 그림으로 그려 둔 덕분입니다.

지난주에 달꿈이가 본 고등어 등 무늬

오늘 달꿈이가 본 고등어 등 무늬

오늘 만난 고등어의 등 무늬가 지난번에 본 고등어의 등 무늬와 다르다면 추리를 시작해야 해요. 그건 아주 이상한 일이니까요.

선생님과 과학 읽기

바닷물고기가 민물에서 오래 살지 못하는 이유

바닷물고기는 입을 통해 물을 마시고 아가미를 통해 염분을 배출합니다. 이러한 조절 능력으로 인해 바다에서 살아갈 수 있는 것이랍니다.

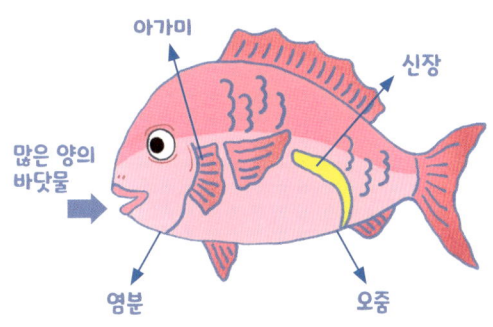

그런데 바닷물고기가 민물에 가게 되면 상황은 달라집니다. 바닷물의 염분 농도(진하기)는 강물보다 훨씬 진합니다. 이때 삼투 현상으로 강물이 바닷물고기 몸속으로 이동하여 몸이 퉁퉁 불어 죽게 됩니다.

배추를 소금물에 절이면, 배추 안의 물이 진한 소금물로 빠져나가 쭈굴쭈굴해지는 걸 본 적 있나요? 이렇게 물이 농도가 진한 쪽으로 이동하는 현상을 삼투 현상이라고 합니다.

더 알아볼까?

삼투압을 이용한 달걀 분수 만들기

재료: 달걀 2개, 물, 식초, 컵, 바늘

만드는 법

1		컵에 식초를 넣고, 달걀을 담그세요.
2		3~4일이 지난 후 달걀 껍질을 흐르는 물에 씻기며 벗겨 주세요.
3		물에 물감을 섞고 다시 달걀을 넣어 주세요. 그리고 물에 이틀 정도 담궈 주세요. ※꼭 물감을 넣어야 하는 것은 아닙니다.
4		바늘로 부풀어진 달걀을 찌르세요.
5		달걀 분수를 볼 수 있습니다.

달걀 껍질이 식초에 녹으면 반투막이 남죠. 이 달걀을 물에 집어넣으면 그 물이 반투막을 통과하여 물보다 농도가 진한 달걀 속으로 들어갑니다. 이것도 삼투 현상 때문에 생기는 거랍니다.

평소처럼 옷장 속을 지나자 넓은 들판이 나타났다. 몇 걸음 걸어가자 부드러운 풀들이 발을 간지럽혔다.

"아이, 간지러워. 이번에는 맨발이네?"

시원한 공기도 얼굴을 간지럽혔다. 멀리서 새들이 노래하는 소리가 들리고 넓고 푸른 들판 한가운데에는 작은 연못이 있었다. 연못 주변에는 여러 가지 꽃과 풀이 가득 자라고 있었다. 달꿈이는 연못 쪽으로 천천히 걸어갔다. 그런데 그때 신기한 일이 생겼다. 연못에 가까이 가면 갈수록 점점 주변의 풀들이 커지는 것이었다. 연못에 거의 다 와서는 마치 거대한 정글처럼 느껴질 정도였다.

"이게 무슨 일이지? 갑자기 풀들이 이렇게 자라다니."

길게 자란 풀을 헤치며 주변을 둘러보던 달꿈이는 뭔가 평소와 다른 느낌에 당황했다. 고개를 숙이니 두 손 대신 작고 귀여운 발이 보였다. 끝은 둥글고 발가락 사이에는 물갈퀴까지 있었다. 게다가 몸 전체는 녹색으로 뒤덮여 있었다. 개구리로 변한 것이었다.

"으악! 이게 뭐야?"

달꿈이는 깜짝 놀라 소리를 질렀다. 달꿈이는 새로운 몸을 이리저리 움직여 보았다. 처음에는 조금 어색했지만 금세 익숙해졌다. 달꿈이는 걸어서, 아니 뛰어서 연못으로 가 얼굴을 비춰 보았다. 수면에는 커다란 눈을 가진 귀여운 개구리가 한 마리 있었다.

 그때였다.

 "야! 어서 가지 않으면 지각이야! 참개구리 선생님한테 혼나기 싫으면 어서 뛰어!"

 작은 청개구리 한 마리가 달꿈이 앞을 뛰어가며 말했다.

 "뭐? 지각? 선생님?"

달꿈이는 생각할 겨를도 없이 청개구리를 따라 뛰었다. 폴짝폴짝 뛰어 따라간 곳은 바로 개구리 학교였다. 학교는 커다란 연잎 위였는데 작은 개구리들이 모여 앉아 있었다. 그 앞에는 커다란 참개구리 한 마리가 개구리들을 향해 수업을 하고 있었다.

"자, 오늘은 노래를 배우겠어요. 선생님을 따라 해 보세요. 개굴개굴 개굴개굴."

"굴개굴개 굴개굴개."

"왕눈이 너 이 녀석, 누가 청개구리 아니랄까 봐 또 반대로만 할 거야? 자, 다시 따라 합니다. 개굴개굴."

"굴개굴개."

"푸훗!"

말로만 듣던 청개구리의 모습에 달꿈이는 웃음이 터져 나왔다. 수업이 끝나고 모두 집으로 돌아갈 때 청개구리가 말을 걸어왔다.

"안녕? 난 왕눈이야. 넌 처음 보는 개구리구나?"

"안녕? 어…… 난 달꿈이라고 해."

"그랬구나. 반가워. 우리 무지개 연못에 온 걸 환영해. 이사 온 지 얼마 안 되었으면 내가 연못 주변을 좀 구경시켜 줄까?"

"그래 줄래? 고마워."

왕눈이는 달꿈이가 마음에 들었는지 연못 근처를 돌아다니며 여기저기를 안내해 줬다. 그때 쿵쿵 하는 소리와 함께 왕눈이와 달꿈이의 위로 커다란 그림자가 드리워졌다.

"음머!"

어느 틈에 나타난 황소 한 마리가 연못 근처에서 풀을 뜯고 있었다.

"우아, 진짜 큰 동물이다. 저 동물은 도대체 뭐지?"

황소를 처음 본 왕눈이의 눈이 더 커졌다. 놀라기는 달꿈이도 마찬가지였다. 황소는 원래도 큰 동물이었지만 개구리가 되어 올려다본 황소는 상상할 수 없을 만큼 커다랬다.

"응, 저 동물은 황소라고 해."

"황소? 내가 이제까지 본 동물 중에 가장 큰걸?"

왕눈이는 폴짝폴짝 뛰며 황소의 주위를 한 바퀴 돌았다.

"이봐요, 이름이 뭐예요?"

왕눈이의 말에 황소는 주위를 두리번거렸다. 하지만 황소는 왕눈이가 너무 작아 찾지 못하고 다시 풀을 뜯기 시작했다. 여러 번 불러도 황소가 자신을 찾지 못하자 왕눈이는 옆에 있던 나무에 기어 올라갔다. 한참을 올라가자 황소의 얼굴이 눈앞에 보였다.

"이봐요, 이름이 뭐냐고요?"

그제야 눈앞의 청개구리를 발견한 황소가 웃으며 말했다.

"내 이름은 누렁이야. 작고 귀여운 친구의 이름은 뭐지?"

"내 이름은 왕눈이야. 그런데 넌 정말 크구나. 내가 본 동물 중에서 제일 커."

황소와 인사를 나눈 왕눈이는 신이 나서 집으로 뛰어갔다. 달꿈이가 왕눈이를 따라 도착한 곳은 풀이 살짝 덮인 연못 구석진 곳이었다. 그곳에는 꽤 몸집이 큰 개구리가 한 마리가 앉아 있었다.

"아빠! 아빠! 저 진짜 큰 동물을 봤어요."

"하하, 우리 아들이 또 신기한 걸 보았구나. 그래, 이번에는 뭘 봤길래 그러는 거지?"

"아빠, 엄청나게 커다란 동물이었어요. 지금까지 본 동물 중에 제일 컸어요."

왕눈이의 아빠는 거들먹거리듯 어깨를 흔들며 왕눈이를 내려다보았다.

"무지개 연못에서 가장 덩치가 큰 아빠보다도 컸단 말이냐?"

"네, 아빠보다 훨씬 컸어요."

왕눈이의 아빠는 자존심이 상한 듯 헛기침을 했다.

"스흡, 이러면 이젠 아빠가 그 황소보다 더 크지?"

볼에 가득 바람을 불어 넣은 아빠 개구리의 모습은 너무나 우스꽝스러웠다. 달꿈이는 자기도 모르게 소리 내어 웃고 말았다.

"아니오, 황소는 훨씬 더 컸다고요."

왕눈이의 말에 아빠는 숨을 크게 들이마셨다. 이번에도 왕눈이는 고개를 저었고 아빠 개구리는 숨을 더 크게 들이마셨다.

"이제는 아빠가 더 크지?"

아빠 개구리는 말도 제대로 하지 못할 만큼 배가 부풀어 오르고 눈이 곧 튀어나올 것만 같았다. 달꿈이는 마치 풍선처럼 부풀어 오른 아빠 개구리의 배를 보며 저러다 터지는 건 아닌지 걱정이 되었다.

'아, 동화 속에서는 이러다가 아빠 개구리의 배가 펑 터졌던 것 같은데?'

아빠 개구리가 걱정된 달꿈이가 소리쳤다.

"그만! 이러다가 터지겠어요! 어서 숨을 내쉬세요."

휘익.

풍선에서 바람 빠지는 듯한 소리가 나면서 아빠 개구리의 배가 다시 홀쭉해졌다.

"헉헉! 아이고, 죽을 뻔했네."

"왕눈아, 이러다가는 큰일 나겠어."

"하지만 황소는 훨씬 더 컸단 말이야."

아빠에게 자기가 본 황소에 대해 제대로 설명하지 못한 왕눈이는 볼멘소리를 했다.

달꿈이는 잠시 생각을 하고 왕눈이에게 말했다.

"왕눈아, 네가 황소를 보고 그 주위를 한 바퀴 돌았지?"

"응, 힘껏 뛰었는데도 얼마나 많이 뛰었는지 몰라."

"몇 번이나 뛰었는지 기억하겠어?"

"손가락, 발가락을 다 써서 세고 그러고도 더 뛰었으니까 20번이야."

"그러면 이제 여기에서 20번을 뛰어 봐."

왕눈이가 힘껏 20번을 뛰며 크게 한 바퀴를 돌았다.

"아빠, 황소의 크기는 이만했어요."

"정말 크구나. 그렇게 큰 동물이 있다는 이야기는 처음 듣는걸."

그제야 아빠 개구리는 놀라는 표정을 지었다.

"왕눈아, 황소 아저씨랑 이야기하려고 올라갔던 나무를 기억하니? 거기에 가서야 네 목소리를 들려줄 수 있었잖아"

주변을 둘러보던 왕눈이는 적당한 나무를 골라 오르기 시작했다. 왕눈이는 나무 위에 기어 올라가 자리를 잡고 말했다.

"내가 가장 긴 발가락으로 셌으니까 어디 보자…… 발가락 100개만큼 올라갔어. 그러니까 이만큼이야."

"맞아, 황소의 키는 지금 나무의 높이만큼 컸던 거야."

"그렇게 설명하니 황소가 얼마나 컸는지 금방 알겠구나. 역시 말로만 듣는 것보다 비슷한 크기의 물건에 비교하여 설명하니까 아주 쉽게 이해가 되는걸. 왕눈이가 좋은 방법을 배웠구나. 하하하!"

아빠 개구리가 웃으며 말했다.

"달꿈아, 넌 이런 좋은 방법을 어떻게 알았어?"

왕눈이가 달꿈이를 바라보며 물었다.

"이건 측정이라고 하는 거야. 측정은 대상의 길이나 무게, 크기 등을 알아보는 활동이야. 그리고 알아본 것을 숫자로 표현하는 방법을 말해."

"아, 그래서 내가 20번이나 뛰었다고 설명한 거구나."

"맞아, 얼마나 크거나 작은지 숫자로 표현하면 더 정확하게 대상에 대해 알 수 있어. 원래는 자나 저울 같은 도구를 이용해. 하지만 자신의 걸음이나 몸을 이용해서도 길이를 측정할 수 있고, 비슷한 크기의 물건으로 무게를 측정하고 비교할 수도 있지."

왕눈이는 곰곰이 생각하더니 눈을 반짝이며 말했다.

"나 해 보고 싶은 게 있어. 우리 마을 지도를 만들어 볼 거야. 그러면 달꿈이 너처럼 우리 연못에 처음 오는 친구들에게 도움이 될 거야. 달꿈아, 나를 도와줄래?"

"당연하지."

달꿈이와 왕눈이는 마을 지도를 만들기 시작했다.

"99, 100! 후, 연못에서 학교까지는 개구리 점프로 100번만큼 떨어져 있구나."

"왕눈아, 천천히 가. 헉헉."

"달꿈이 넌 운동 부족인 것 같아. 개구리가 왜 이렇게 점프를 못하니?"

'난 원래 개구리가 아니니까 그렇지.'

달꿈이는 속으로 생각했다.

"측정 결과를 보면 연못에서 우리 집까지 80번 뛰어야 하니까 학교에서 우리 집까지는 180번을 뛰면 되겠다. 드디어 지도가 모두 완성되었어!"

"축하해. 지도도 완성되었으니 나도 이제 집으로 돌아가야겠다. 아, 그리고 왕눈이 너, 자꾸 거꾸로 하다가 언젠가 크게 후회할지 몰라. 그러니 부모님 말씀 잘 들어야 해."

"그래, 좋은 방법을 알려 줘서 고마워. 그리고 부모님 말씀도 잘 들을게. 우리 또 만나자."

왕눈이와 인사를 한 달꿈이는 연못의 반대 방향으로 뛰기 시작했다. 커다란 풀들이 점점 작아지는 듯하더니 어느새 달꿈이의 몸도 원래대로 돌아오기 시작했다.

"자, 이제 돌아가 볼까?"

달꿈이는 두 번 박수를 쳤다. 짝짝.

측정에 필요한 도구는 뭘까?

측정은 탐구하고자 하는 대상의 길이, 무게, 시간, 온도 등을 재는 것을 말해요. 이런 활동을 통해 조사와 실험 활동에서 정확한 자료를 모을 수 있어요. 우리는 생활 속에서 여러 가지 도구를 사용하여 대상을 측정해요. 자를 가지고 길이를 재기도 하고, 저울에 올라 몸무게를 측정하지요. 또 시간이 얼마나 지났는지는 시계를 가지고 측정할 수 있고 온도는 온도계를 사용해 알 수 있어요.

측정 결과는 사용하는 도구, 방법, 사람에 따라 조금씩 달라질 수 있어요. 정확하게 측정하기 위해서는 다음의 방법을 사용해야 해요.

(1) 알맞은 도구를 사용하기
(2) 도구를 올바른 방법으로 사용하기
(3) 여러 번 측정하여 비교하기

> 선생님과 과학 읽기

신체를 활용한 측정

오래전 사람들은 길이를 재는 단위로 사람의 신체를 이용하였습니다. 고대 로마와 그리스에서도 성인의 발을 기준으로 1 feet(피트)를 정했습니다. 하지만 사람마다 신체의 길이와 크기가 달라 정확한 측정이 어려웠습니다. 그래서 영국에서는 왕의 신체를 기준으로 정했습니다. 영국의 왕 헨리 1세의 발 길이로 단위를 만들었는데, 헨리 1세의 발뒤꿈치부터 엄지발가락까지의 길이를 기준으로 1 feet로 정했다고 합니다. 1 feet는 30.48cm입니다. 어른 남자들의 발 크기가 대략 26cm~28cm인 것을 생각해 보면 헨리 1세의 발은 대단히 컸던 것을 알 수 있습니다.

더 알아볼까?

손가락으로 길이 재기

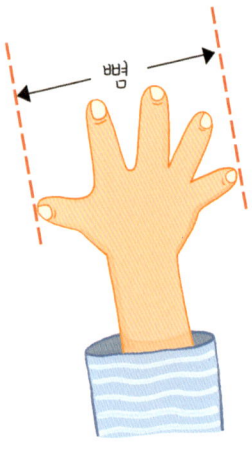

길이를 재고 싶을 때 마침 적당한 도구가 없을 때가 있습니다. 그럴 때는 자기 신체를 이용해서 길이를 측정할 수 있습니다. 가장 간단한 것은 뼘입니다. 한 뼘이란 다섯 손가락을 쭉 폈을 때 엄지손가락 끝에서 새끼손가락 끝까지의 길이를 말합니다. 자신의 한 뼘 길이를 알고 있으면 도구가 없을 때도 길이를 어림짐작할 수 있습니다.

만약 여러분의 한 뼘 길이가 12cm인데 막대의 길이가 두 뼘이라면 막대의 길이는 다음과 같습니다.

12+12=24 막대의 길이는 24cm입니다.

여러분의 한 뼘 길이를 측정한 뒤 주변에 있는 물건의 길이를 뼘을 이용해 재어 보세요. 그리고 정확한 측정 도구를 이용해 실제 길이를 측정하고 손으로 잰 길이와 비교해 보세요.

의사소통을 해요
동물 올림픽

　옷장 밖으로 나오자 달꿈이의 눈앞에 수많은 동물이 보였다. 순간 달꿈이는 자신이 동물원에 왔나 하는 생각이 들 정도였다. 초원에는 호랑이, 사자, 기린, 코끼리 등 동물들이 한데 모여 있었다. 주위를 둘러보니 커다란 나무에 '제1회 동물 올림픽'이라는 팻말이 걸려 있었다. 그리고 주변에는 각 경기를 진행할 수 있는 경기장도 마련되어 있었다.

　'동물 올림픽이라니? 동물들이 스포츠를 한다고?'

그때 가까운 곳에서 까마귀가 마이크를 잡고 말했다.
"안녕하세요. 여기는 제1회 동물 올림픽 개막식이 열리는 현장입니다. 패션쇼를 한 것처럼 동물들이 멋지게 차려입고 입장하고 있습니다. 이렇게 많은 동물이 모이는 건 처음인데 말이죠. 제일 먼저 사자들이 입장하네요. 이번 올림픽의 강력한 우승 후보인 만큼 걸음걸이 또한 당당합니다. 다음으로 토끼들이 입장하고 있네요. 깡충깡충 뛰는 모습이 인상적이네요."

"쿵쿵쿵! 이 소리는 무엇인가요? 지진이 난 건가요? 땅이 울리고 있어요. 아, 거대한 몸집을 자랑하는 코끼리들이군요. 다음은 수달들이 입장합니다. 인간들 때문에 수달은 멸종 위기 동물로 지정될 정도로 숫자가 적은데요. 그래서인지 선수들도 얼마 되지 않네요."

그때 카메라에 달꿈이가 잡혔다.

"어? 저 동물은 누군가요? 혹시 인간인가요? 어떻게 인간이 이곳에 있는 거죠?"

관객으로 보이는 수많은 동물이 달꿈이를 쳐다보며 웅성대기 시작했다. 많은 동물이 쳐다보자 순간 달꿈이 얼굴이 붉어졌다.

"인간도 동물인데 저도 관람하면 안 될까요? 헤헤헤."

처음에는 동물들도 수군거렸으나 얼마 지나지 않아 크게 관심을 두지 않았다. 동물들 틈에 있는 낯선 인간보다 처음 열리는 올림픽이 더 흥미로워서일까? 까마귀가 다시 마이크를 잡고 말하기 시작했다.

"이번 대회를 위해 다들 열심히 준비했다고 하는데요. 첫 번째 경기는 바로 나무 멀리뛰기입니다. 선수는 흰손긴팔원숭이와 다람쥐입니다."

높은 나무에서 진행되는 경기인만큼 관중석에서 지켜보던 다른 동물들도 함께 긴장하긴 마찬가지였다. 달꿈이는 옆에 있는 치타에게 말했다.

"당연히 원숭이가 이기지 않을까? 원숭이는 평소에 나무를 잘 타잖아. 그리고 흰손긴팔원숭이가 저 긴 팔로 나무에서 뛴다고 생각해 봐. 다람쥐는 덩치가 작아서 아마 멀리 뛰지 못할 거야."

"난 다람쥐도 잘 뛸 것 같은데? 몸이 가볍고 얼마나 빠른데. 물론 나만큼은 아니지만."

치타가 말했다.

독수리 심판이 두 선수에게 말했다.

"경기를 시작하기에 앞서 규칙을 말씀드리겠습니다. 앞에 보이는 나무 보이죠? 출발선에서 도움닫기를 한 후 앞에 보이는 나무에서 더 멀리 있는 나무까지 가는 선수가 이기는 경기입니다."

두 선수가 출발 준비를 마쳤다.

"저 높은 곳에서 어떻게 멀리뛰기가 가능할까요? 말씀드리는 순간 흰손긴팔원숭이가 나무를 움켜쥐며 높이 뛰어올랐습니다. 아, 12m(미터)입니다!"

다음은 다람쥐 차례였다. 다람쥐는 까만 눈으로 고개를 갸웃거리며 뛸 준비를 하고 있었다. 다람쥐는 짧은 다리로 도움닫기를 시작했다. 다람쥐는 나무를 잡지 않고 뛰어올랐다. 그때였다. 다람쥐 다리 옆에서 날개가 펼쳐지더니 붕 하고 날기 시작했다. 그것은 마치 종이비행기가 하늘을 나는 듯한 모습이었다. 달꿈이는 텔레비전에서 이 동물을 본 기억이 떠올랐다.

"저, 저 장면은…… 하늘다람쥐, 하늘다람쥐다."

"하늘다람쥐라고? 그럼 하늘을 나는 다람쥐라는 말인가? 그러고 보니, 다람쥐가 나네, 날아."

동물들은 그저 이 모습이 신기할 따름이었다. 조류가 아닌 다람쥐가 날다니 믿기지 않는 눈치였다. 그런데 더 깜짝 놀랄 일은 호루라기를 불고 나서 하는 심판의 말이었다.

"삑! 50m."

"50m라고? 대단한걸?"

"어떻게 그렇게 멀리 날 수 있지? 아마 몸 양쪽에서 나온 날개 같은 것 때문인가?"

지켜보던 하마가 한마디했다. 달꿈이도 옆에서 거들었다.

"맞아. 인간 세계에서도 이런 비슷한 걸 본 적이 있어. 낙하산이라는 거야. 낙하산은 높은 하늘에서 내려오는 사람을 땅 위에 안전하게 내리도록 하는 장치인데, 큰 천을 몸과 연결한 거야. 큰 천이 공기의 저항을 받아 빨리 떨어지지 않기 때문에 땅까지 안전하게 도착할 수 있지."

곧이어 나무 멀리뛰기의 메달 수여식이 시작됐다.

"나무 멀리뛰기 우승자는 하늘다람쥐입니다."

까마귀 사회자가 다시 마이크를 잡았다.

"드디어 오늘의 하이라이트 역도 경기입니다. 오늘 경기를 위해 특별히 비버 선생이 통나무를 열심히 깎아서 나무 역기를 만들었다고 하는데요. 제작 기간만 1년이라고 합니다. 나무는 특별히 100년 된 느티나무를 사용했다고 합니다. 말씀드리는 순간 코끼리와 수달 선수가 입장했습니다."

드디어 경기가 시작되었고 코끼리와 수달이 경기장에 입장했다. 참여하는 동물들의 얼굴에 긴장이 감돌았다. 코끼리는 익숙한 듯 흰 가루를 코에 쓱쓱 묻히기 시작했다. 바람에 날리는 흰 가루 속에 코끼리의 떨림마저 느껴지는 듯했다.

코끼리가 자세를 잡았다. 흰 가루가 묻은 코로 역기의 중심 부분을 뱅그르르 감았다.

"끄응."

역기가 이내 들리는가 싶더니 다시 바닥에 쿵 하고 내려앉았다.

코끼리는 고개를 갸웃거렸다.

'이상하다. 연습할 때 이 정도는 거뜬히 들었는데? 역기가 코에서 미끄러졌나.'

코끼리는 실패한 이유를 찾기 위해 머리를 굴려 보았지만 도무지 알 수 없었다.

역도 심판인 기린은 굳은 표정으로 빨간 깃발을 올렸다.

"코끼리 실패! 다음, 수달 선수 준비!"

경기장에 입장한 수달은 흰 가루를 툭툭 손에 묻히더니 역기를 경기장 바로 옆인 강가로 굴렸다. 무거운 통나무로 만든 역기지만 동그란 모양이라 그런지 바퀴처럼 잘 굴러갔다. 역기가 물에 닿는 순간 수달은 두 손으로 역기를 들었다. 수달은 물속에서 머리만 빼꼼히 내밀며 역기를 들고 있었다. 모두가 숨죽이며 이 모습을 지켜보았다.

'엥? 이게 무슨 일이람? 수달이 역기를 들다니? 우리가 아는 수달이 저렇게 힘이 셌나?'

이 모습을 지켜본 달꿈이는 이상하다고 생각했다. 역기를 물로 가져간 것도 이상하지만 수달이 편안한 표정으로 역기를 들고 있는 것도 도저히 이해할 수 없었다.

다음은 돌 역기 대결이었다. 1차 경기에서 수달이 이겼으니 이번에도 수달이 이길 거라고 대부분 예상했다.

"코끼리 선수, 준비하세요."

기린 심판은 코끼리에게 말했다.

코끼리는 흰 가루를 코에 쓱 묻힌 뒤 코를 역기 가운데 부분에 감았다.

"끄응."

이상한 일이 일어났다. 첫 번째 통나무 역기 경기에서는 실패했던 코끼리가 돌 역기 경기에서는 성공을 한 것이다. 나무 역기를 들 때는 힘이 모자라서가 아니라 미끄러진 게 분명했다.

"와! 이번에는 코끼리가 역기를 들었네. 역시 코끼리야."

모두들 코끼리의 성공에 감탄했다.

"수달 선수 준비!"

기린 심판은 수달에게 말했다.

1차 경기와 마찬가지로 수달은 입장한 후 돌 역기를 물가로 굴렸다. 돌 역기가 물에 닿자마자 수달은 물속으로 들어갔다.

그런데 이게 어찌된 일일까? 통나무 역기를 들은 수달은 돌 역기와 함께 물속으로 가라앉고 말았다.

"무슨 일이지?"

동물들이 웅성거렸다. 잠시 뒤 머리를 긁적이며 수달이 올라왔다. 그런데 역기는 온데간데없이 수달만 올라왔다.

"역기는 어디 있나요?"

기린 심판이 물었다.

"그게……."

수달은 꿀 먹은 벙어리가 된 듯 아무런 말도 하지 않았다. 기린 심판은 긴 목을 물속으로 집어넣었다가 빼면서 말했다.

"돌 역기는 물 안에 있네요. 이것으로 코끼리 우승! 1 대 1 동점이라, 세 번째 경기를 준비해야겠군요."

이 모습을 지켜본 달꿈이가 말했다.

"왜 통나무 역기 경기에서 수달이 이겼을까요?"

달꿈이 옆에 있던 나이가 많아 보이는 말이 한마디 했다.

"콜록콜록! 내가 예전에 이와 비슷한 것을 본 적이 있지. 내가 젊었을 때 등에 짐을 잔뜩 싣고 배라는 것을 함께 탄 적이 있거든. 듣자 하니 그 배는 나무로 만들었다는 걸세. 그런데 신기한 것은 그 배가 통나무 역기보다 훨씬 컸는데도 물에 뜨더란 말이지."

"나무로 만든 배라는 것이 물 위에 뜬다고요?"

가젤이 눈을 크게 뜨며 말했다.

"저도 지난번에 꾀를 쓰다가 물에 빠진 적이 있는데 여우 아저씨가 근처에 있는 나무토막을 잡으라고 해서 잡았더니 뜬 적이 있어요. 그래서 겨우 물 밖으로 나왔어요."

당나귀가 말했다. 옆에서 곰곰이 듣고 있던 달꿈이가 거들었다.

"여러분들 말을 들어 보니까 나무가 물에 뜨는 성질을 이용해 수달이 통나무 역기를 쉽게 들 수 있었던 것 아닐까요? 두 번째 역기는 나무가 아닌 돌이니까 물에 뜨지 않아 수달이 들 수 없었을 거예요. 그래서 진정한 우승자는 수달이 아닌 코끼리가 맞을 것 같은데요, 기린 심판관님."

기린 심판은 긴 목을 양쪽으로 흔들며 생각에 잠기는 듯했다.

수달은 초조한 표정을 지으며 기린 심판의 기다란 입을 바라보고 있었다.

"최종 우승자는 코끼리입니다."

"와!"

코끼리는 앞발을 높이 들며 코로 뿌 소리를 내며 승리의 기쁨을 만끽했다. 한편 수달은 붉어진 얼굴로 조용히 경기장을 빠져나갔다. 동물들은 올림픽 축제를 즐기며 나머지 경기도 즐겁게 관람했다.

이번 여행은 달꿈이가 평소 좋아하는 스포츠 경기를 동물들과 함께 즐겨서인지 더욱 신나는 여행이었다. 달꿈이는 다음 여행을 기대하며 박수를 두 번 쳤다. 짝짝!

의사소통 능력이 필요한 이유

　의사소통이란 자신이 관찰하고 생각한 것을 다른 사람에게 설명하고 다른 사람과 생각이나 정보를 주고받는 것을 말해요. 동물 올림픽 이야기 중 코끼리와 수달의 역도 경기에서 의사소통으로 문제를 해결하는 부분이 나와요. 수달이 나무 역기는 들 수 있고 돌 역기는 들 수 없었던 걸 두고 여러 동물 친구가 그 이유에 대해 의견을 나누어요. 달꿈이는 수달이 통나무 역기를 들 수 있었던 이유에 대해 나무가 물에 뜨는 성질이 있다는 것을 근거로 들었어요.

　이처럼 자신의 생각을 이야기할 때는 다른 사람이 이해하기 쉽고 정확한 말로 설명해야 해요. 또한 과학적인 근거를 바탕으로 이야기하고 글, 그림, 몸짓 등을 이용하면 다른 사람이 더 이해하기 쉽겠죠?

선생님과 과학 읽기

지동설이 밝혀진 이유

여러분은 혹시 지구가 태양 주위를 빙글빙글 돌고 있다는 것을 알고 있나요? 그러나 예전에는 지구가 중심에 있고 태양이 지구 주위를 돌고 있다고 생각했습니다. 시간이 지나면서 코페르니쿠스나 갈릴레이 같은 과학자들이 여러 과학적 근거를 통해 다른 사람과 의사소통을 하며 지구가 태양 주위를 돌고 있다는 사실이 밝혀졌습니다. 특히 갈릴레이는 자신이 망원경을 만들어 목성 주변을 돌고 있는 위성들을 발견하기도 했답니다. 이렇게 과학은 끊임없는 의사소통의 과정을 거쳐 발전할 수 있었습니다.

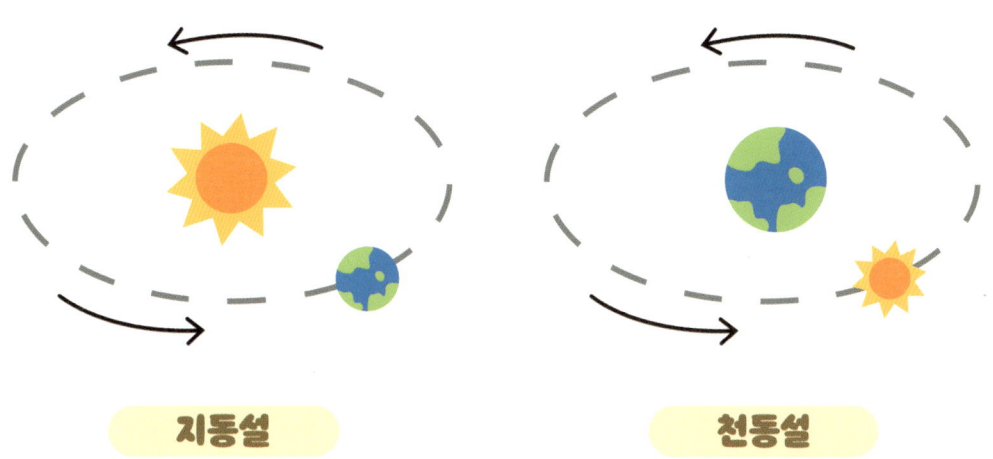

지동설   천동설

더 알아볼까?

빨대 잠수함과 부력

준비물: 클립, 가위, 물감, 주름 빨대 3개(색깔 다르게), 테이프, 빈 물통(투명한 것), 물

만드는 법

1. 주름 빨대의 주름 부분을 쭈욱 당겨 펼쳐 주세요.
2. 빨대를 접어 양쪽 길이를 맞추고 잘라 주세요(빨대가 길어 잠수함이 안 뜰 수 있기 때문에 조금씩 확인하며 잘라 주세요).
3. 클립 3개를 하나씩 연결하여 길게 만들어 주세요.
4. 잠수함의 머리 부분과 꼬리를 연결해 주세요(테이프로 붙여서 고정시켜야 물속에서 빨대가 벌어지지 않아요).
5. 파란색 물감을 한 방울만 톡톡 넣어, 바닷물을 만들고 물병에 넣어 주세요.
6. 빨대 잠수함을 모두 넣어 주세요.
7. 빨대 잠수함이 물통 위쪽에 동동 떠 있다면, 물병 아랫부분을 꾹꾹 눌러 보세요. 물병 안에서 오르락내리락 빨대 잠수함이 움직일 거예요.
8. 물병을 거꾸로 뒤집어서 해 보세요. 마찬가지로 빨대 잠수함은 동동 뜬 상태로 오르락내리락 움직입니다.

깜짝 지식

부력이란? 물이 물체를 들어 올리는 힘을 부력이라고 해요. 물에 잠긴 물체는 무게가 부력보다 크면 가라앉고, 부력보다 작으면 떠 있게 됩니다. 실제 잠수함은 물탱크가 있어서 물탱크에 물을 넣으면 가라앉고, 물을 빼고 공기를 넣으면 떠올라요. 물병을 누르기 전에는 빨대 속에 공기가 들어 있어 물에 떠 있었지만, 물병을 누르면 빨대 속 공기는 압축되고 빨대 속으로 물이 들어가서 잠수함은 무거워져 가라앉는 거랍니다.

에필로그
동화 속 모험이 끝나고…

아침 식사를 마친 나는
문 밖을 나섰다.
그런데 현관 앞에 편지 한 장이
떨어져 있었다.

달꿈이에게

당신의 용기와 지혜 덕분에
동화 나라의 모든 문제가 해결되었어요.
정말정말 고마워요.
항상 당신의 꿈을 응원할게요.

- 동화 나라 요정들 드림 -

숨은그림찾기 정답